KB204128

구루챈개

연꽃에서 화생한 불사의 화신불

구루 빠드마쌈바와 기원문

- 蓮花生尊者 祈願文 -

역저 중암선혜

금빛소리

머리말

해제

기원문 차례

부록

| 머리말 |

구루 빠드마쌈바와(蓮花生)의 약전

위대한 구루 빠드마쌈바와(Padmasambhava, 蓮花生)는 티베트에서 보통 구루 린뽀체(Guru rinpoche) 또는 마하구루(Mahāguru)로 널리 알려지고 추앙받는 제2의 붓다이다. 그는 티베트 불교의 닝마빠(rÑiṅ ma pa, 舊派)의 개조이자 아사리 샨따락시따(Śantarakṣita. 寂護)와 법왕 티쏭데우짼(Khri sroṅ ldeḥu btsan)과 함께 사군삼존(師君三尊)으로 추앙받는 티베트의 수호신이기도 하다.

그는 『칠종기원문(七種祈願文)』에서, "남서쪽의 씬두(힌두)의 바다 속, 안지용왕(安止龍王)의 용궁 위의, 바다 위 연꽃 가운데 부모도 없이 스스로 화생하였다."라고 하였듯이, 이 위대한 구루는 자궁의 더러움에 물듦 없이 스스로 연꽃 속에 태어난 경이롭고 신비에 쌓인 위대한 화신불이다. 그는 연꽃에서 청정한 8세 동자의 몸으로 화생한 뒤, 당시 오갠(Orgyan)의 인드라부띠(Indrabhūti) 법왕의 양자로 입양되어 성장하였다.

젊은 시절 출가하여 현밀의 모든 불법을 배우고 닦아서 마침내 네팔의 양라쉬의 동굴에서 마하무드라(大手印)를 성취하여 대성취자가 되어 무학(無學)의 경지를 얻은 뒤, 아득한 과거 네팔의 자룽카쑈르(Bya ruṅ kha śor, 可作失言塔)[오늘날 보다나트(Bhoudhanath)] 대탑을 건립할 때 세운 서원의 힘으로 티베트에 들어간 뒤, 그곳에서 아사리 싼따락시따와 법왕 티쏭데우짼과 함께 불법을 수립하고자 승단을 조직하고, 경전을 번역하고, 사원을 건립하는 등의 광대한 불사를 통해 티베트 땅에 불법이 융성하고, 미래세가 다하도록 불교가 보존되도록 광대한 불사를 행하였다.

이 위대한 구루는 아미타불의 화신으로 50년이 넘게 티베트 유정들을 구제하는 교화사업을 마친 뒤, 여타의 화신들처럼 열반에 들지 않고 육신 그대로 나찰의 땅인 응아얍(拂洲)의 쌍독뺄리(赤銅山)에 있는 연화광(蓮花光) 정토로 돌아가셨다. 그는 불사의 금강신을 얻고, 무지개 몸(虹身)을 성취한 까닭에 나고 죽음이 없는 몸으로 영원토록 그곳에 머물면서 나찰들을 교화하고, 동시에 티베트를 비롯한 육도세계의 유정들을 구제하고, 그의 권속들인 천신들과 다끼니 여신들에게 밀교를 설하시며 미래세가 다할 때까지 머무신다고 알려졌다.

그는 석가세존의 교법 가운데 밀교를 전파하기 위해 지상에 출현하였다고 경전에서 설하고 있듯이, 특별히 티베트 땅에 밀교를 전파하고 보존하기 위해 모든 밀교의 전적들을 역경하고, 족첸(大圓滿) 딴뜨라 등의 성취법들을 전수하는 동시에 미래의 중생들의 이익과 안락을 위해 무수한 비장법보들을 네팔과 티베트의 각처에 은닉하였다. 이뿐만 아니라 네팔과 티베트의 광대한 설산과 산천을 답사하면서 모든 길지에 일일이 머물면서 그곳을 수행처소로 가지하고, 또한 그곳에 거주하는 세속의 신귀들을 교화하여 미래의 수행자를 수호하도록 호법의 서약을 받아내는 등의 모든 방편을 동원해서 여래의 현밀의 교법이 인간세계에 영원히 머물기를 기원하였다.

지금도 그는 불변의 언약대로 매달 상현의 10일[음력 10일]과 하현의 10일[음력 25일]이면, 어김없이 그의 가르침과 부촉을 받들고 수행하는 말세의 불자들을 살피고 구호하기 위해 그의 정토에서 몸을 일으킨 뒤, 밀법이 유행하는 네팔과 티베트의 전역을 순행하시고 연화광(蓮花光) 정토로 돌아가시니, 이 위대한 구루의 본원은 미래세가 다 하도록 끝나지 않는다. 길상원만!

해제

1. 구루 빠드마쌈바와(蓮花生)의 탄생의 연기

1) 탄생지 오디야나(烏長國)

구루 빠드마쌈바와(Paḍmasambhava, 蓮花生)는 보통 구루 린뽀체라고 부르고, 태어나신 때는 8세기 초반으로 여겨지며, 태어나신 곳은 오늘날 파키스탄의 쓰와트(Swāt) 계곡에 존재했던 고대 불교 왕국인 오디야나(Oḍḍiyāna, 飛行國)이다. 이 나라는 천불천탑의 나라로 널리 알려졌으며, 오디야나를 티베트에서는 오갠(Orgyan) 또는 우갠(Urgyan)이라 불렀고, 중국의 현장법사는 오장나국(五仗那國)이라고 음역하였다.

또 구루 린뽀체께서 인간의 몸으로 화생한 곳을 『라둡칙뒨마(蓮師修證七句文)』에서 설하길, "훔! 다끼니(空行母)의 고향 오디야나의 서북방, 다나꼬쌰(Dhanakośa) 호수의 연꽃에서 탄생하시여,"라고 함으로써, 실제로 태어나신 곳은 오디야나에 있는 다나꼬쌰 호수의 연꽃이며, 그곳에서 부모도 없이 8세 동자의 몸으로 스스로 화생(化生)한 위대한 화신불이다.

이 오디야나의 왕국에 대하여 20세기 초반 그곳을 직접 방문했던 티베트의 선지식 겐뒨최펠(dGe ḥdun chos ḥphel, 法興)은 그의 『갸가르람익(印度聖地案內)』에서, "삐쓰쌰와르(Pisśavar)에서 말라간(Malagān)으로 간 뒤, 거기서 걸어서 쓰와따(Swata)라고 부르는 지방에 도착하면, 거기가 오걘의 중심지이다."[1)]라고 하였다.

또 김규현 작가의 『혜초따라 5만리』에 인용된 현장법사의 『왕오천축국전』에 기술된 오장국의 모습은 다음과 같다.

"이곳 간다라국에서 정북쪽으로 산으로 들어가 3일을 가면 우디야나국(파키스탄, Mingora)에 도착한다. 그곳 사람들은 스스로 자기들은 우디야나(鬱地引那)라고 한다. 이 나라의 왕은 삼보를 크게 공경하고 백성들이 사는 마을에서는 많은 몫을 절에 시주하여 공양하고 작은 몫을 자기 집에 남겨 두어 의식으로 사용한다. 재를 올리고 공양하는 것은 매일 하는 것을 원칙으로 한다. 절도 많고 승려도 많아서 승려들이 속인보다 조금 많다. 오로지 대승만이 행해진다. 의복과 음식과 풍속은 간다라국과 비슷하나 언어는 다르다. 이 땅에는 낙타

1) 『갸가르기람익(印度聖地案內), 格敦群培著作 第三冊』, p.339, 겐뒨최펠(dGe ḥdun chos ḥphel), 서장장문고서출판사, 1990, 서장, China.

와 노새와 양과 말과 모직물 등이 풍족하다. 기후는 매우 차다."[2]라고 하였다.

또 같은 책에서, "우디야나국은 주위가 5천여 리이다. 산과 골짜기가 이어져 있고 시내와 연못이 들판에 이어졌다. 곡물은 파종하나 땅이 기름지지는 못하다. 포도가 많고 고구마는 적다. 수목은 무성하며 꽃과 과일도 풍부하다. 추위와 더위가 적절하고 바람과 비는 기후 절기에 알맞다. 사람들의 성질은 소심하고 거짓이 많다. 무명을 입는 사람이 많으며 그 외의 옷도 걸치고 있다. 언어는 다르지만 대체로 인도와 같다. 불법을 존중하며 대승을 신앙한다."[3]

또 천불천탑의 나라 오장나국의 위치와 풍속을 『혜초따라 5만리』에서, "간다라국의 수도였던 페샤와르에서 인더스 강의 지류를 따라 북쪽으로 길게 뻗어 올라간 드넓은 곳이 스와트 계곡인데, 이것이 바로 우디야나, 한역하여 오장국(烏長國)이다. 이 계곡을 따라 올라가서 파미르 고원을 넘는 길이 바로 전통적인 '입축구법로'로 이용되어 온 루트이다. 이 길을

---

2) 『혜초따라 5만리(하권)』, p.285, 김규현, 서울 여시아문, 2005, 서울, Korea.

3) 『혜초따라 5만리(하권)』, p.256.

따라 수많은 구법승들이 뜨거운 보리심만으로 행장을 꾸려 목숨을 담보로 걸어 놓고 드나들었다. 물론 그 중에는 우리의 혜초 사문도 포함되어 있다. (중략) 승려들이 속인보다 조금 많다는 구절에서 불국토였던 우디야나의 광경이 연상되듯이, 『왕오천축국전』의 전문 중에서 이렇게 한 나라 전체의 불심을 찬양한 예는 거의 없다. 현장 법사도 1,400여 가람과 1만 8천 명의 승려가 있었다고 기록하고 있듯이, 구법승들의 왕래가 활발했을 당시 이 오장국은 문자 그대로 절과 탑이 연이어 있는 천불천탑의 나라였던 것 같다."[4]라고 하였듯이, 중국의 법현(法顯) 법사 뒤에 현장에 앞서 520년 천축을 순례한 혜생(惠生)에서부터 해동의 사문 혜초(慧超)가 방문했던 7세기 초(727년 이전)와 구루 빠드마쌈바와가 태어난 당시의 그곳을 통치한 인드라부띠(Indrabhūti) 법왕의 시절에 이르기까지 불교가 번성하였을 뿐만 아니라, 붓다의 전생담과 관련된 많은 이야기와 유적지가 오늘날에도 남아 있다.

또 같은 책에서, "520년 중국의 법현 뒤에 현장에 앞서 천축을 순례한 북위(北魏)의 혜생(惠生)도 이런 자타카의 일화를, 이른바 '4대 입축구법기'의 하나로, 특히 북천축에 관한 자료

4) 『혜초따라 5만리(하권)』, pp.74~75.

가치가 탁월한 『낙양가람기』에서 자세히 기록하고 있다.

'12월 초에 오장국으로 들어갔다. 북으로는 총령에 접하고 남으로는 천축에 잇닿았다. (중략) 비라 태자가 자기 자식을 시주한 곳이고, 살타가 몸을 던진 땅으로 비록 오래된 옛 습속이지만 토속적 풍속이 잘 남아 있었다. 왕성으로부터 동남쪽으로 8일을 가면 여래가 고행할 때 몸을 던져 굶주리는 호랑이를 먹였던 곳이 있었다. (중략) 산에는 승려가 삼백여 명 있는 수골사(收骨寺)가 있었다. 여래가 옛날에 마휴국에 있으면서 피부를 벗겨 종이로 삼고 뼈를 부러뜨려 붓으로 삼은 곳이 있다. 아쇼카 왕이 대탑을 만들어 그곳을 보존했다. 뼈를 부러뜨린 곳에는 골수가 돌 위에 흐른 자국이 있었다. 그 빛깔이 윤기 있게 반들거려 방금 흐른 것 같았다.'

이 자타카에 대해 현장 법사도 역시 현지에 널려 있는 많은 설화를 다음과 같이 기록하고 있다.

'성 동쪽 4리에 탑이 있다. 영험이 아주 많은 곳인데 부처님이 옛날 인욕(忍辱)선인이었을 때 카리 왕에게 몸을 보시했던 곳이다. (중략) 또 마유가람에서 서쪽으로 60리 가면 대탑

에 이른다. 아쇼카 왕이 세운 것이다. 여래가 옛날 보살행을 수행하면서 시비카 왕이라 일컫고 있을 때 불과를 얻기 위하여 여기서 몸을 찢어 매에게 주기 위해 비둘기로 변신한 곳이다. (운운)'" [5]

2) 구루 빠드마쌈바와의 탄생의 예언

구루 빠드마쌈바와(蓮花生)는 티베트에 밀교를 전파한 닝마빠(舊派)의 개조이자, 제2의 붓다로 티베트에서 법왕 티쏭데우짼과 아사리 싼따락시따(寂護)와 함께 사군삼존(師君三尊)으로 추앙받는 인물이다. 그의 생애는 신비로 가득 싸여 있으니, 그의 자설(自說)처럼, "부모도 없이 바다 속의 연꽃에서 화생하였다."라고 함과 같이, 석가세존의 밀법을 현양하고 지상의 인간들을 교화하기 위해 아미타불의 화신으로 스스로 화생한 인물이다.

이러한 구루 린뽀체의 출현을 『까뒤짜왜귀(結集根本續)』 등을 비롯한 많은 현밀의 경전에서 일찍이 예언하였다. 예를 들면, 『오디야나롭뾘남타르빠외루양(蓮花生傳記大勇歌)』에서,

5) 『혜초따라 5만리(하권)』, pp.78~79.

“『열반경(涅槃經)』에서, ‘나 여래는 입멸하니, 그대들은 슬퍼하지 말라. 물빛이 청명하고 더러움이 없는 호수 가운데서, 나보다 더 위대한 인간이 출현한다.’라고 설함과 또한, ‘나 여래가 입멸한 뒤, 12년쯤이 지나서, 호수 다나꼬쌰의 섬에서, 나보다 더 위대한 인간이 출현한다.’”[6]라고 설하였다.

또한 『라메된족뒤빼귀(無上義集圓滿續)』에서도, “나 여래가 입멸한 뒤, 12년쯤이 지나서, 모든 세간에서 승리한 위대한 자가, 오디야나의 땅에서 출현하니, 빠드마쌈바와라 부르는 성자가, 연꽃에서 출생한다.”라고 설하였다.

또한 『잠뺄규툴다와(文殊幻網續)』에서, “나 길상하신 붓다가 연꽃에서 출생하니, 일체지지(一切知智)의 보고(寶庫)를 지니고, 여러 종류의 왕의 모습을 지니며, 위대한 붓다의 명주(明呪)를 지닌다.”라고 하였듯이, 여러 현밀(顯密)의 경전에서 아름다운 목에서 흘러나오는 범천의 음성으로 탄생을 예언하였다.

그리고 탄생의 연대에 대해서도 여러 가지의 논설이 있으니, 예를 들면, “이 위대한 구루는 불멸 후 5년, 나무 원숭이(申)해에 탄생하였다.”라고 설함과 같이, 비록 세상에 탄생하

6) 『오디야나롭뾘남타르빠외루양(蓮花生傳記大勇歌)』, p.14, 체왕릭진(Tshe dbaṅ rig ḥdzin), Ngagyur Nyingma College, 2005, Derhadun(U.A), India.

신 연대에 대해서는 여러 가지 이설들이 존재하는 것도 사실이나, 한 가지 분명한 것은 구루 빠드마쌈바와의 출현은 이미 현밀의 경전에서 예언된 사실로 석가세존께서 교화하시던 당시 중생들의 근기가 제대로 성숙하지 않아서 설파하지 못한 여래의 구경의 진실의(眞實義)인 대원만(大圓滿) 등의 무상유가(無上瑜伽) 딴뜨라들을 세간에 전파하기 위해서 세상에 오신 것임을 알 필요가 있다.

3) 구루 빠드마쌈바와의 경이로운 탄생

이 위대한 구루 빠드마쌈바와께서는 모태에서 태어나는 태생(胎生)의 남섬부주의 인간과는 달리 하늘의 천신처럼 화생(化生)으로 연꽃 속에서 태어남으로써, 원초부터 부모의 정혈의 더러움에 물들지 않은 청정한 몸으로 태어났다. 이 뜻을 자신이 직접 설한 『칠종기원문(蓮花生七種祈願文)』에서 다음과 같이 말씀하셨다.

"에 마 호!
인도 서남방의 나찰의 땅 짜마라(拂洲)

힌두바다의 물결이 출렁이는 작은 섬,
안지용왕이 유희하는 용궁의 옥상 위
광명이 눈부신 연꽃 위에서 탄생하신,
희유한 자생의 화신불께 기원하옵니다!
우갠의 빠드마쌈바와께 기원하옵니다!

부모도 없이 스스로 태어난 화신의 동자
인(因)도 연(緣)도 없이 바다에서 태어나,
무명에 전도된 중생들을 인도하는 성자
붓다의 몸·말·뜻 삼밀(三密)의 화현이신,
화신불 연화금강존자께 기원하옵니다!
우갠의 빠드마쌈바와께 기원하옵니다!

행운의 선근자인 인드라부띠 법왕이
바다 가운데서 맞이해 뭍으로 나오고,
믿음으로 영접한 뒤 왕위를 물려주니
불법으로 다스려 태평성대를 이루신,
걜뽀토르쪽(寶髻王)께 기원하옵니다!
우갠의 빠드마쌈바와께 기원하옵니다!”

또한『칸도예시초걜남타르(空行母智海王傳記)』에서는 구루 빠드마쌈바와께서 자신의 탄생에 대하여 티베트의 티쏭데짼 법왕에게 직접 들려준 이야기를 다음과 같이 기록하였다.

"에마호! 대왕이시여, 잘 들으십시오! 대성인 빠드마쌈바와 나는, 방소도 없고 방위도 떠난 대락의 연화광 정토에서, 태어남도 없고 죽음도 초월한 아미타 부처님의, 몸·말·뜻 삼금강(三金剛)의 광명으로부터, 가장자리도 없고 가운데도 없는 바다 가운데서, 인(因)도 없고 연(緣)도 여읜 한 줄기 연꽃에서, 아버지도 없고 어머니도 없고 종성도 없이, 경이롭게 스스로 태어나니 생사마저 초월하였다."[7)]

이렇게 부모의 인(因)과 연(緣)을 빌리지 않고 스스로 연꽃에서 태어나신 경이로운 구루 빠드마쌈바와는 탄생 자체가 놀라울 뿐만 아니라, 그의 지혜는 번뇌와 소지장 등의 일체를 여읜 붓다의 마음 그 자체이니, 이것은 당시 인드라부띠 법왕이 연꽃에서 화생한 동자를 맞이하기 위해 배를 타고 호수에 들어가 처음 만났을 때, 동자와 문답한 내용에서 여실하게 알

7) 『칸도예시초걜남타르(空行母智海王傳記)』, pp.26~27, 딱쌈도제 발굴, 씨퇸미릭뻬뒨캉, 씨퇸, China.

수 있으니, 『빼마까탕(蓮花遺敎)』에서 다음과 같이 설하였다.

“인도 보드가야의 남서방, 서쪽의 오디야나의 동북 지역의 다나꼬싸 호수의 서북쪽의 연꽃 정원, 더러움이 없는 광채를 지닌 호수의 섬에 오리와 학 등의 새들의 종류가 무수하고 반짝이는 가운데, 오색 무지개의 광명이 동그랗게 장막처럼 서 있었다. 법왕이 대신 뜨리가나진(Triganaḥdzin)에게 명하길, ‘저쪽에 무엇이 있는지를 살펴보라.’고 말하였다. 왕에게 눈이 없으니 어떻게 보겠는가? ‘내가 여의주를 얻음으로써 눈을 뜨도록 기원하여 왼쪽 눈을 뜨게 하라.’고 말하였다. 대신이 대답하길, ‘연꽃 정원 가운데 경이로운 동자가 머물고 있습니다. 왕이 아들로 데려가려는 것이 아닌지 의심이 들었다. 왕 자신이 스스로 보도록 가라.’고 아뢰었다. 인드라부띠 왕이 말하길, ‘가까이 가기를 원한다. 지난밤 꿈에 빛나는 황금으로 만든 구고금강저에서 광명이 발출되어 하늘에서 떨어져 손에 얻는 꿈을 꾸었다. 태양이 나의 심장에서 출현하는 꿈을 꾸었다.’라고 그와 같이 말한 뒤, 왕과 대신 둘이서 작은 배에 올라 안으로 갔다. 백조의 무리가 소리내어 울어대었다. 연꽃 위에 8세 동자가 있었다. 쳐다보면 매혹적이고 몸매가 수려한 동자, 몸빛이 희고 붉은 연지를 칠해놓은 것과 같았다. 왕이 놀라움을 일으킨 뒤 동자에게 다음과 같이 물었다.

에마호!
경이로운 동자, 특별하게 뛰어난 그대의
아버지는 누구시며 어머니는 누구이신가?
고향은 어디며 종성은 어디에 속하는가?
음식은 무엇을 먹고 여기에서 뭘 하는가?

그 물음에 동자가 대답하였다.

나의 아버지는 각성의 지혜[싸만따바드라]이시고
어머니는 공락일여(空樂一如)의 싸만따바드리이며,
태어난 고향은 무생(無生)의 법계이며
종성은 법계와 각성이 둘이 아닌 종성에 속하고,
먹는 음식은 이원의 분별을 먹으며
여기서 번뇌를 죽이는 행위를 수호합니다.

그와 같이 말하자 왕이 눈물을 흘리자 그 오른쪽 눈이 또한 뜨였다. 대신 뜨리가나진 또한 울었다. 왕자의 이름을 초께도제(蓮花金剛)라 지었다. 이 동자를 화신이라 여긴 뒤, 나의 양자며 공양처로 삼는다고 한 뒤, 동자와 함께 연꽃을 함께 가져갔다."[8)]

4) 호수 다나꼬쌰(Dhanakośa)의 의미

다나꼬쌰 호수는 티베트 불교에 널리 알려진 이름이지만 그 의미가 제대로 알려지지 않았는데, 몇 해 전에 출간된 『장전밀종사전(藏傳密宗辭典)』에 인용된 아사리 롱첸랍잠(Kloṅ chen rab ḥbyams, 1308~1363)의 논설에 의하면, 호수를 에워싼 다(Dha)라는 전단 나무와 꼬쌰나(Kośana)라는 생물에서 유래된 것임을 다음과 같이 밝혔다.

"부처님께서 열반에 드신 뒤 360년이 되는 해에 인도 보드가야의 서쪽 오갠의 토르쪽(頂髮)의 나라의 다나꼬쌰 호수라 부르는 곳을 전단(旃檀)의 나무들이 에워쌌다. 꼬쌰나(Kośana)라 부르는 생물이 있으니, 몸은 사람과 같고, 얼굴은 마웅(馬熊, Dred)을 닮았고, 발톱들은 철의 빠르쌔(sPar śad, 발톱)로 채

8) 『빠마까탕(蓮花遺教)』, pp.114~115, 오갠링빠 발굴, 四川民族出版社, 1993, 成都, China.

우고, 재료는 미세한 보석으로 채우고, 무수하게 채웠다. 다나꼬쌰의 섬이라 부른다. 다(Dha)는 전단의 섬을 말한다."

5) 구루 빠드마쌈바와의 연사팔호(蓮師八號)의 유래

구루 빠드마쌈바와께서 오갼의 다나꼬쌰 호수의 연꽃 가운데 8세 동자의 몸으로 태어났을 때, 경이로운 동자를 처음 만나고 이야기를 나눈 인드라부띠 법왕은 놀라움을 감추지 못한 채, 동자의 이름을 초께도제(蓮花金剛)라고 지었고, 대신 뜨리가나진(Triganaḥdzin)은 빠드마쌈바와(蓮花生)라고 지음으로써, 최초로 두 가지의 존명이 생기게 되었다. 그 뒤 구루 빠드마쌈바와에게는 무수한 이름들이 붙여지게 되었으며, 그 가운데 대표적으로 구루 린뽀체의 행적에 의지해서 시설한 구루챈개(Guru mtshan brgyad)라 부르는 연사팔호(蓮師八號)가 세상에 널리 알려지게 되었다. 이 연사팔호의 의미도 여러 가지 논설이 있으나 『둥까르칙죄첸모(東噶藏學大辭典)』에서 설하는 연사팔호의 유래는 다음과 같다.

"대아사리 빠드마쌈바와의 서로 다른 여덟 화신의 모양에

각기 다른 여덟 가지의 이름을 붙인 역사가 있으니, 『린첸떼르죄(大寶伏藏庫)』의 100명의 복장대사(伏藏大師)의 전기에서 설한 바대로 하면 이와 같다.

① 구루 초께도제(mTsho skyes rdo rje, 蓮花金剛)는 인도의 서쪽 오디야나의 땅에는 동쪽과 남쪽과 북쪽의 세 곳에 호수가 하나씩 있다. 남쪽의 호수의 섬에 피어난 갖가지 색깔의 연꽃 봉우리 가운데 아미타불의 심장에서 종자진언 흐리(Hri)가 장식된 황금 금강저가 발출함으로부터 8세 동자가 태어났다. 그리고 신들과 그 호수에 사는 다끼니(空行母)들에게 법을 설하면서 계셨다. 그 나라의 왕인 인드라부띠 법왕이 아들이 없는 탓에 양자로 모신 뒤, 존명을 빠드마쌈바와(蓮花生) 또는 초께도제(蓮花金剛)라고 지었다.

② 도제닥뽀짤(rDo rje drag po rtsal, 金剛勇武)은 오디야나의 법왕의 왕자로 계시는 동안 다끼니 외창마(Ḥod ḥchaṅ ma)를 아내로 맞이하고 국정을 주재하였다. 그 뒤 국정을 버리고자 결심하였으나 또한, 부왕의 허락을 얻지 못함에 따라서 놀이의 형태로 대신 뜨리누(Trinu)의 아들을 삼지창을 떨어뜨려서 죽였다. 그 사건으로 화장터로 추방되자 여러 곳의 화장터에 머물면서 다끼니들을 휘하에 복종시키는 등을 행함으로써

도제닥뽀짼(金剛勇武)이란 존명을 얻었다.

③ 구루 쌰꺄쎙게(Śakya seṅ ge, 釋迦獅子)는 그 뒤 보드가야에 도착한 뒤 갖가지의 화신을 현시함으로써 사람들이 말하길, '당신은 누구인가?'라고 묻자, 답하시길, '나는 자생의 붓다이다.'라고 하자, 사람들이 믿지 않고 비방함에 의지해서 싸호르(Zahor) 지방으로 간 뒤, 아사리 쁘라바하쓰띠(Prabhahasti)에게 출가하길 청함으로써 쌰꺄쎙게(釋迦獅子)라는 존명을 얻었다.

④ 구루 로댄촉쎄(Blo ldan mchog sred, 慧愛)는 아사리 쁘라바하쓰띠(Prabhahasti)로부터 요가딴뜨라(Yogatantra, 瑜伽續)를 18번에 걸쳐서 청문하였다. 지혜의 다끼니 쌍왜예시(gSaṅ baḥi ye śes)의 변화신인 비구니 꾼가모(Kun dgaḥ mo)로부터 밀주의 관정을 청문하였다. 여덟 명의 마하위드야다라(Māhāvidyādhara)로부터 팔대법행(八大法行) 등을, 아사리 쌍개쌍와(gSaṅ rgyas gsaṅ ba)로부터 『규툴도제(sGyu ḥphrul rdo rje, 幻罔金剛續)』 등을, 아사리 쓰리씽하(Śrisiṅha)로부터 족첸(rdZogs chen, 大圓滿) 딴뜨라 등을 완전하게 청문한 뒤, 청문한 일체를 모두 달통함으로써 로댄촉쎄(慧愛)라는 존명을 얻었다.

⑤ 구루 빼마퇴텡짼(蓮花髑髏鬘力)는 그 뒤 싸호르(Zahor)

의 왕의 공주 만다라와(Mandarava)를 수인모(手印母)로 취한 뒤, 마라띠까(Maratika) 동굴에서 3개월 동안 머물면서 장수법을 닦고, 무량수불께서 직접 관정을 줌으로써 수명자재의 위드야다라(持明)를 성취하였다. 싸호르의 왕이 산채로 붙잡아 화형에 처할 때, 아사리 부모양존이 불에 타지 않고 호수에 피어난 연꽃 가운데 함께 머무는 광경을 연출하였다. 다시 오디야나로 돌아가자 그곳에서 역시 사악한 대신들이 부모양존을 붙잡아 전단의 불 속에 넣고 태웠으나, 앞서와 같이 연꽃 가운데 부모양존이 퇴뎅(髑髏鬘)의 모습을 취한 신통을 보임으로써 빼마퇴뎅잴(蓮花髑髏鬘力)이라는 존명을 얻었다.

⑥ 구루 빼마걜뽀(Padma rgyal po, 蓮花王)는 그 뒤 오디야나에서 13년 동안 왕의 공양처가 되어 머물렀다. 국왕과 대신과 왕비들을 모두 귀의시키고 바다와 같은 법을 설하여 근기를 성숙시키고 해탈에 안치함으로써 빼마걜뽀(蓮花王)라는 존명을 얻었다.

⑦ 구루 니마외쎄르(Ñi ma ḥod zer, 日光)는 무우왕(無憂王)을 교화하려는 목적으로 비구 왕뾔데(dBaṅ poḥi sde)로 변신해서 법을 설하고, 불퇴전의 믿음에 안치하였다. 남섬부주에서 하루 저녁에 부처님의 사리를 모신 천만의 불탑을 세우도록 함과 불법에 분노하는 외도의 왕을 제압하고, 화장터들에

운집한 다끼니들에게 법을 설하였다. 흉악한 신귀들의 심장을 빼앗고 불법의 수호신으로 안치함으로써 니마외쎄르(日光)라는 존명을 얻었다.

⑧ 구루 쎙게다독(Seṅ ge sgra sgrogs, 獅子吼)은 인도 보드가야에서 외도의 도사 5백 명이 불법을 반대하는 논쟁을 걸기 위해 찾아왔을 때, 아사리께서 논쟁과 신통력을 경쟁해서 아사리께서 승리하였다. 외도들이 흉주(凶呪)를 외우고 저주하는 것을 위맹주(威猛呪)로 물리치고, 외도의 도시를 불태웠다. 나머지는 불법에 들여놓음으로써 쎙게다독(獅子吼)이란 존명을 얻었다."

2. 구루 빠드마쌈바와(蓮花生)와 불보살님의 관계

이 위대한 화신의 구루 린뽀체는 본질적으로 붓다의 몸·말·뜻 삼밀(三密)의 화현이자 불법승 삼보의 체현이며, 또한 삼신의 붓다들과 하나이자, 삼세의 붓다들과 하나이며, 또한 밀교의 몸·말·뜻 삼부(三部)의 의호주(依怙主)인 문수보살과 관자재보살과 금강수보살과 일체이다. 또한 밀교의 연화부족 가운데 아미타불은 법신이 되고, 관자재보살은 보신이 되고, 구루 빠드마쌈바와(蓮花生)는 화신이 되어 삼신불을 이룬다.

이 뜻을 『연화금강자생관정수증문(蓮花金剛自生灌頂修證文)』에서, "나모 구루 제불선서가 응결된 화현이시며, 불법승 삼보의 본질이신 연화금강존자께"라고 하였으며, 또한 구루 린뽀체의 『칠종기원문(七種祈願文)』 가운데 나남·도제뒤좀(sNa nam rDo rje bdud ḥjoms)에게 준 『기원문』에서 나남·도제뒤좀(金剛降魔)이 여쭙되, "아, 대아사리 구루 빠드마쌈바와(蓮花生)시여! 제불여래가 회집하신 몸이며, 제불여래가 회집하신 말씀이며, 제불여래가 회집하신 마음이며, 제불여래가 회집하신 대비의 자존이며, 화신의 붓다이신 빠드마쌈바와님, 당신보다 더 뛰어난 존재는 세상 어디에도 없습니다. 저와 미래의 중생들의 이익을 위해서 당신의 위대한 행적에 순결한 믿음을 일으키고, 불변의 확신과 존경심을 낳게 하는 지고한 가피가 깃들인 기원문을 저에게 설하여 주소서!"라고 함과 같다.

또한 『오디야나롭뵌남타르빠외루양(蓮花生傳記大勇歌)』에서, "법계자재모(法界自在母)인 예시초걜(智海王)이, '삼세를 꿰뚫는 아사리 연화생, 외속(外續)이 청정함으로써 화신불의 교법을 호지하고, 내속(內續)이 청정함으로써 보신불의 교법을 호지하고, 밀속(密續)이 청정함으로써 법신불의 교법을 호지한다.'"[9]라고 설함과 같다.

이와 같은 구루 빠드마쌈바와와 제불보살님의 관계를 총결해서 『쌍독뺄리묀람뒤델(赤銅山祈願文攝註)』에서 다음과 같이 설명하였다.

"그러므로 이 아사리 빠드마쌈바와는 삼신(三身)의 정토의 모든 붓다의 전체 모양이 하나로 출현하거나 나타난 것이니, 꾼켄·롱첸랍잠(Kun mkhyen Kloṅ chen rab ḥbyams)이 말하길, '극락세계에서는 아미타불이며, 보타낙가에서는 관자재보살

9) 『오디야나롭뵌남타르빠외루양(蓮花生傳記大勇歌)』, pp.3~4, 체왕릭진(Tshe dbaṅ rig ḥdzin), Ngagyur Nyingma College, 2005, Derhadun(U.A), India.

이며, 이 남섬부주에서는 연화왕(蓮花王)이니, 비록 중생들에게 서로 다르게 나타날지라도, 삼신의 행위의 본질은 하나이니, 길상하신 붓다 빠드마쌈바와, 티베트의 중생들에게 특별한 자애의 대비를 지니신 그분께 경배합니다.'라고 하였다.

또한 구루 린뽀체 자신께서 직접, '과거세의 무량광 아미타불과 보타낙가의 대비관음과 다나꼬쌰 호수의 나 빠드마쌈바와는 단지 나타나는 모습이 셋일지라도, 실제에는 차별이 없어 별개가 아니다. 법계정토의 법신불 싸만따바드라(普賢如來)와 밀엄찰토의 바즈라다라(持金剛佛)와 금강보좌의 석가모니불은 이들과 둘이 아닌 나 빠드마쌈바와에게 자연히 성취되었다.'라고 말씀하심과 같이, 이 지존한 구루 빠드마쌈바와는 삼세의 광대무변한 정토의 주인인 까닭에, 모든 세계는 빼마퇴텡짿(蓮花髑髏鬘力) 한 분의 교화세계라고 설하였다."[10)]

---

10) 『캉싸르땐빼왕축쑹붐(康薩尒.丹貝旺旭文集二)』, pp.282~283, 캉싸르땐빼왕축(Khaṅ sar bstan paḥi dbaṅ phyug), 북경: 민족출판사, 북경. China.

3. 구루 빠드마쌈바와(蓮花生)의 40가지의 위대함

앞에서 이미 언급하듯이 "나 여래가 입멸한 뒤, 12년쯤이 지나서, 호수 다나꼬쌰의 섬에서, 나보다 더 위대한 인간이 출현한다."라고 함과 같이, 이 위대한 인간 구루 린뽀체께서는 무수한 공덕을 한 몸에 지니고 있으니, 예를 들면, 『빼중남타르이끼뮌쎌(蓮花生傳記滅暗解愚)』에서 다음과 같이 설함과 같다.

"어느 때 침푸(mChims phu)에서 군신들에게 족첸(大圓滿)의 무루온(無漏蘊)을 교수할 때, '아사리의 몸은 무지개 몸(虹身)이다.'라고 말하자, 왕이 의심하게 되었다. 그 자리에서 아사리께서, '대왕께선 나의 머리를 주먹으로 때려보도록 하십시오'라고 말하자, '그같이 하는 것은 도리가 아닙니다'라고 왕이 대답하자, '대왕이시여, 밀교행자는 스승께서 무슨 말을 하든지 그 말씀대로 하는 것이 필요합니다. 그러니 힘껏 때려보도록 하십시오.'라고 하였다. 왕이 말씀대로 머리를 주먹으로 내려치자 걸림이 전혀 없이 법좌의 방석에 주먹이 닿았다. 그와 같이 세 번을 하여도 전혀 걸림이 없자 비로소 아사리의 몸이 무지개 몸임을 믿은 뒤 또한 참회하였다."[11)]

위와 같이, 무지개 몸을 성취하신 구루 빠드마쌈바와의 위대함을 요약해서 5가지로 말함과 또는 몸·말·뜻·공덕·사업의 다섯으로 분류하고 이들 각각은 8가지의 공덕을 지님으로써, 모두 40가지로 말함이 있다.

먼저 구루 빠드마쌈바와의 5가지의 위대함을 『장전밀종사전(藏傳密宗辭典)』에서 다음과 같이 설하였다.

> "① 자궁의 더러움에 물듦이 없이 연꽃에서 자생으로 태어남으로써 다른 이의 탄생에 비해서 크게 뛰어남이다. ② 사마(四魔)를 법계에서 파괴함으로써 죽음의 신(死魔)으로부터 승리함으로써 뛰어남이다. ③ 윤회의 변제와 동등하게 육신이 불변함으로써 수명이 변하지 않음으로써 뛰어남이다. ④ 한 생애에서 성불하는 수레인 교법의 정수인 밀승(密乘)을 행함으로써 뛰어남이다. ⑤ 교법과 생기차제와 원만차제의 셋의 교주가 오갠의 구루 빠드마쌈바와(蓮花生)임을 모든 무상승

11) 『빼중남타르이끼뮌쎌(蓮花生傳記滅暗解愚)』, p.124. Sog zlog blo gros rgyal mtshan, Cho chod Publication, 2005, New Delhi, India.

(無上乘)에서 설하였다. 그러므로 다른 빤디따(智者)들에 비해서 크게 뛰어남이다."[12]

다음에 40가지의 위대함은 이와 같으니, 『까탕데응아(bKaḥ thaṅ sde lṅa, 蓮花生五部遺教)』에서 다음과 같이 설하였다.

"오디야나의 구루 빠드마쌈바와의 40가지의 위대함이니, 육신의 8가지 위대함과 음성의 8가지 위대함과 마음의 8가지 위대함과 공덕의 8가지 위대함과 사업의 8가지 위대함이다.

첫째, 육신의 8가지 위대함이니, ① 부모의 정혈(精血)의 인연에 의지함이 없이 스스로 화생(化生)한 위대함이다. ② 왕자에서 축출되는 법이 없는 위대함이다. ③ 갖가지 놀이에 탐착하는 자취가 없는 위대함이다. ④ 육신에 죽음과 태어남이 없는 위대함이다. ⑤ 교화대상을 인도함에 쇠퇴함이 없는 위대함이다. ⑥ 몸에 사대원소의 적이 침범하지 못하는 위대함이다. ⑦ 별해탈계와 보살계와 삼매야계(三昧耶戒)의 세 율의를

12) 『장전밀종사전(藏傳密宗辭典中卷, sṄags kyi tshig mdzod chen mo)』, pp.5~6. 사천민족출판사, 2020, 成都, China.

수호하는 위대함이다. ⑧ 몸에 삼십이상(三十二相)과 팔십종호(八十種好)를 갖춘 위대함이다.

둘째, 음성의 8가지 위대함이니, ① 60가지 범음(梵音)을 지닌 위대함이다. ② 본존과 담론을 발출하는 위대함이다. ③ 온갖 종류의 언어를 이해하는 위대함이다. ④ 범속한 말을 애초부터 하지 않는 위대함이다. ⑤ 설한 바의 말씀들이 모두 법문이 되는 위대함이다. ⑥ 육도세계의 각각의 언어로 법을 설하는 위대함이다. ⑦ 모든 신귀를 서언 속에 들여놓는 존명(尊命)의 위대함이다. ⑧ 건달바왕과 범천의 음성 같은 위대함과 듣는 모두가 악도의 흐름을 차단하는 위대함이다.

셋째, 마음의 8가지 위대함이니, ① 마음에 착란이 애초부터 없는 위대함이다. ② 법에 편향이 없는 위대함이다. ③ 깨달음이 하늘처럼 높은 위대함이다. ④ 수행이 태산처럼 견고한 위대함이다. ⑤ 행위가 일광진(日光塵)[13]처럼 미세한 위대함이다. ⑥ 오로지 이타만을 행하는 정진의 위대함이다. ⑦ 사시(四時)를 꿰뚫어 보는 위대함이다. ⑧ 교화의 대상들을 차

13) 일광진(日光塵)은 어두운 방에 햇살이 비칠 때 보게 되는 미세한 먼지의 크기를 일광진이라 한다.

별함이 없는 위대함[14]이다.

넷째, 공덕의 8가지 위대함이니, ① 인천(人天)의 7가지 공덕[15]을 얻은 위대함이다. ② 명망과 학덕을 갖춘 남녀 성취자 1천 8명이 의지하는 위대함이다. ③ 오명(五明)에 통달한 위대함이다. ④ 삼장(三藏)에 달통한 위대함이다. ⑤ 교합·해탈과 관정으로 성숙시키는 위대함이다. ⑥ 사원 등을 소유함이 없는 위대함이다. ⑦ 칠성재(七聖財)[16]가 풍성한 위대함이다. ⑧ 25가지의 발심[17]이 원만한 위대함이다.

다섯째, 사업의 8가지 위대함이니, ① 말세에 붓다의 교법을 융성하게 만드는 위대함이다. ② 교법에 흥망성쇠가 없는

---

14) 『쎄재남당꾼뛰』에서는 "육도중생의 심성을 두루 아는 마음의 위대함(도둑쎔귀켄빼툭끼체)"으로 나온다. 『쎄재남당꾼뛰(藏漢對照合稱辭典)』, pp. 798~800. 賀文宣 編, 靑海民族出版社, 1987, 西寧, China.

15) 이것은 ① 종성의 고귀함, ② 용모가 단엄함, ③수명이 김, ④ 몸에 병이 없음, ⑤ 복분이 뛰어남, ⑥ 부귀를 갖춤, ⑦ 지혜가 광대함의 7가지이다.

16) 칠성재(七聖財)는 불법을 성취하는 데 필요한 7가지 덕성이니, ① 신성재(信聖財), ② 계성재(戒聖財), ③ 문성재(聞聖財), ④ 사성재(捨聖財), ⑤ 참성재(懺聖財), ⑥ 괴성재(愧聖財), ⑦ 혜성재(慧聖財)의 일곱 가지이다. 글 뜻은 속된 재물에 비해서 특별하게 뛰어남으로써 그와 같이 말하니, 속된 재물은 고통의 원인이니, 이것은 무변한 안락과 공덕의 원인이기 때문이다.

17) 일반적으로 발심의 종류에는 여러 가지가 있으나 미륵자존의『현관장엄론(現觀莊嚴論)』에는 원심(願心)과 행심(行心)에 속하는 대지유발심(大地喩發心)과 같은 이십이종발심(二十二種發心)이 설해져 있다.

위대함이다. ③ 복장법(伏藏法)으로 교법의 뿌리를 수호하는 위대함[18)]이다. ④ 성인과 범부가 함께 벗이 되는 위대함이다. ⑤ 정법과 비법을 바르게 가려내는 위대함이다. ⑥ 신귀(神鬼)들을 종으로 부리는 위대함이다. ⑦ 교법을 수지하고 수호하고 현양하는 위대함이다. ⑧ 나찰들을 제압하는 위대함이다."[19)]

또한 55가지의 신통을 지닌 위대함을 『까탕데응아(蓮花生五部遺敎)』의 「한데까이탕익(lHa ḥdre bkaḥi thaṅ yig, 神鬼遺敎)」에서 다음과 같이 설하였다.

"그뒤 오갠의 구루 빠드마쌈바와(蓮花生)께서 말씀하시길, '나와 같은 빠드마쌈바와에게는 5가지의 공통의 신통과 5가지의 특별한 신통과 5가지의 위 없는 신통과 5가지의 신변의 신통과 5가지의 유루(有漏)의 신통과 5가지의 무루(無漏)의 신통과 5가지의 과거의 신통과 5가지의 미래의 신통과 5가지의 현재의 신통과 5가지의 정해짐이 없는 신통과 세간의 신

18) 이것의 자세한 내용은 『까탕데응아(蓮花生五部遺敎)』의 「하데까이탕익(lHa ḥdre bkaḥi thaṅ yig)」가운데 나온다.

19) 『까탕데응아(bKaḥ thaṅ sde lṅa, 蓮花生五部遺敎)』, pp. 9~10, 오갠링빠 발굴, 北京民族出版社, 1997, 北京, China.

통이니, 55가지의 신통을 소유함으로써, 신귀들에게 호법을 서약하게 한 뒤 복장(伏藏) 하나씩을 부촉한다. 공주 만다라와(Mandarava)가 글로 적어서 쌈얘(bSam yas)의 부챌(Bu tshal)의 뤼밸(Rus sbal)에 비장한다. 복분을 지닌 선근자와 만나지이다.'라고 기원하였다."

4. 구루 빠드마쌈바와(蓮花生)의 양라쉬에서 성불하신 이유

1) 땅의 정수인 양라쉬 지세론

구루 빠드마쌈바께서 인도와 네팔 등지에 산재한 많은 상서로운 수행처소들 가운데 특별히 양라쉬의 동굴에 오신 이유를 『빼마까탕(蓮花遺敎)』의 「제53장. 비장법보(秘藏法寶)와 복장대사(伏藏大師)」에서, "그 뒤 대인지명(大印持明)을 성취하지 못하면 의미가 없다고 생각한 뒤, 인도와 네팔의 접경 양라쉬에 오신 뒤, 사자가 하늘로 뛰어오름과 같은 산에 머물렀다."[20]라고 하였듯이, 구루 린뽀체께서 양라쉬의 땅을 자기의 성불의 자리로 선택한 이유를 『까탕데응아(蓮花生五部遺敎)』의 「한데까이탕익(神鬼遺敎)」에서 다음과 자세히 밝혔다.

"그 뒤 [히말라야의 동굴 마라띠까(Māratika)에서 금강불괴신(金剛不壞身)을 얻어] 수명자재지명(壽命自在持明)을 성취하였

20) 『빼마까탕(蓮花遺敎, Padma bkaḥ thaṅ)』, pp. 325~326. 떼르첸 우갠링빠(gTer chen. Urgyan gliṅ pa) 발굴, 사천민족출판사, 1993, 성도, China.

을지라도 또한 마하무드라(大手印)의 지명(持明)을 얻지 못하면 승의(勝義諦: 眞諦)의 진실이 없음으로써 무의미하다고 여긴 뒤, 공성의 견해로 제복하기 위해서, 공(空)이 아니며 공(空)이 아님도 아닌 견해로 악견을 제압하고 이익을 행하였다. 상서로운 장소인 땅의 정수를 찾기를 생각하였다."[21]

그 뒤 양라쉬(Yaṅ la śod)에 오신 뒤 다음과 같이 지세(地勢)를 관찰하고 찬탄한 뒤 미래를 예견하시니, 그때의 사정을 위의 같은 책에서 다음과 기술하였다.

> "네팔의 양라쉬(Yaṅ la śod)의 석굴산(石窟山)은
> 하늘이 팔폭(八輻)의 수레바퀴와 같은 신령한 땅
> 대지가 여덟 꽃잎의 연꽃과 같은 신령한 땅
> 주변 봉우리가 팔서물(八瑞物)과 같은 신령한 땅
> 산세가 구고금강저(九股金剛杵)과 같은 신령한 땅
> 바위가 팔짱 낀 사자가 뒤로 누움과 같은 신령한 땅
> 나무마다 오색 무지개가 타오름과 같은 신령한 땅
> 향초와 꽃들이 우거진 꽃동산과 같은 신령한 땅

21) 『까탕데응아(蓮花生五部遺敎)』, p.13, 오갠링빠 발굴, 北京 民族出版社, 1997, 北京, China.

생명을 살리는 감로와 약초의 수풀이 있는 신령한 땅
볼록 솟은 땅 모양이 구리거울과 같은 신령한 땅
비밀진언의 교법이 불길처럼 타오르는 신령한 땅."[22]

이와 같은 최상의 길지인 양라쉬의 땅에서 3년간 계시면서 마하무드라(大手印)의 지명(持明)을 얻어 승의(勝義諦)의 진실을 성취하시고 마침내 성불하시니, 그때의 상황을 『구루린뽀체의 칠종기원문(蓮花生七種祈願文)』 가운데 진언사 나남·도제뒤좀(金剛降魔)에게 주는 기원문에서 다음과 같이 설하였다.

"네팔의 파핑 땅 양라쉬의 동굴에서
청정한 여래장(如來藏)을 닦으실 때
마라와 장애들을 금강궐로 물리치고
마하무드라의 성취를 거기서 얻으신
도제퇴텡짤(金剛髑髏鬘力)께 기원하옵니다!
오갠의 빠드마쌈바와께 기원하옵니다!"

22) 『까탕데응아(蓮花生五部遺教)』, p.13.

이와 같이 구루 빠드마쌈바와께서 마하무드라를 성취하여 도제퇴텡쨀(金剛髑髏鬘力)로 성불하신 양라쉬의 땅은 구루 린뽀체의 『도장룬』에 의하면, 일찍이 석가세존께서 아라한들을 대동하고 쓰와얌부 대탑에 참배오셨을 때, 아라한들과 함께 이곳에 오셔서 양라쉬의 비밀을 밝히셨으며, 또 구루 린뽀체의 말씀에 의하면, 아수라 동굴에는 불모 도제팍모(金剛亥母)께서 머무시는 성소라고 하였다.

그뿐만 아니라, 이 양라쉬 땅은 구루린뽀체께서 연등불의 교법 시절 네팔의 보다나트(Boudhanath) 대탑을 건립할 때, 미래세에 설원의 땅 티베트에 불교를 전파하길 세운 숙세의 발원[23]을 성취하기 위해서 미리 준비된 곳이자 또한, 그가 이곳에서 성불한 뒤 티베트에 밀법을 전파하기 위해서 출발하신 땅이기도 하다. 특별히 티베트를 비롯한 히말라야 전역에 불법이 장구한 세월 동안 존속하도록 비장물을 은닉하길 계획하시고 은닉한 땅이니, "양라쉬의 동굴에서 구천만에 달하는 비장물(秘藏物)의 은닉을 상의할 때 네 가지 마장이 발생하였다."라고 『빼마까탕(蓮花遺敎)』에서는 설함과 같다.

---

23) 숙세의 발원은 "5. 구루 빠드마쌈바와(蓮花生)와 티베트의 인연" 가운데 "2) 구루 빠드마쌈바와의 과거세의 티베트의 전법의 서원"을 참고 바람.

2) 땅의 정수인 양라쉬의 연기

성스러운 양라쉬의 땅이 형성된 연기는 현겁(賢劫)의 겁초로 거슬러 올라가니, 그 당시 지상에는 마뜨람루드라(Matraṁrūdra)[24]라 부르는 악마가 출현하여 삿된 법으로 무수한 중생들을 인도하고 커다란 해악을 끼치고 있었다. 『빼마까탕(蓮花遺敎)』의 「제6, 따동(馬面)과 팍동(猪面)」의 마뜨람루드라의 제복」에서, "붓다의 대력으로 루드라를 제복하지 못하면 불법이 흥성하지 못하고 악도에 떨어진다."라고 삼신의 불보살님들께 의견을 정하신 뒤, 관자재보살과 따라(度母)보살이 적임자임을 알자, 그 둘이 제도할 때가 도래하였음을 안 뒤, 각각 따동(rTa gdoṅ, 馬面)과 팍동(Phag gdoṅ, 猪面)의 모습으로 변성한 뒤, 악마 마뜨람루드라와 그의 아내를 각각 주살하

---

24) 마뜨람루드라(Matraṁrūdra)에 대하여 "마뜨람루드라는 지난 과거 겁명(劫名)을 일체장엄이라 부르는 시절 현생(現生)이라 부르는 부처님의 교법 시기에 타르빠낙뾔욕댄박(Thar pa nag poḥi gyog dan ḥbag)이라 부르는 자가 있었다. 그 당시 비구 툽까슈누(Thub dkaḥ gshon nu)라 부르는 그의 문하에 타르빠낙뽀(Thar pa nag po)가 가르침을 전도되게 이해한 뒤, 밀주(密呪)를 삿되게 행하는 등의 흉악한 흑업의 이숙(異熟)으로 흉악한 생을 연속해서 받음으로써, 삼계에서 강대한 포악자(暴惡者)가 된 뒤 모든 유정을 죽이고 먹었다. 그를 제압할 자가 세상에 누구도 없는 마뜨람루드라가 출현하였다."라고 『장전밀종사전(藏傳密宗辭典)』에서 설하였으며, 또한 같은 책에서 '윤회의 근본인 루드라(Rūdra, 邪魔)의 삼부(三部)'에 대해서, "몸·말·뜻 셋을 전도되게 자기로 집착함으로써, 마음이 전도되어 생겨난 것이 마뜨람루드라(Matramrūdra)이고, 말이 전도되어 생겨난 것이 카뜨람까루드라(Khatramrūdra)이며, 몸이 전도되어 생겨난 것이 아까르샤루드람(Akarṣarūdra)이니, 그 셋이 삼부(三部)이다."라고 설하였다.

여 해탈시켰다. 그때 마뜨람루드라 몸체가 여덟 조각으로 조각이 났고, 그 가운데 가슴팍이 양라쉬에 떨어짐으로써 그의 강대한 힘이 땅에 스며들었고, 금강수보살께서 밀법의 땅으로 가지함으로써 양라쉬가 밀법수행의 최고의 장소로 변하게 되었다.

그 뒤 장구한 세월이 지나서 인간의 수명이 100세로 줄어든 투쟁시(鬪爭時)에 도달했을 때, 대자재천[시바]이 지상을 다스리기 위하여 하늘에서 강림한 뒤, 티베트의 성산 띠쎄(Ti se) 설산[까일라스(Kailash) 산]을 차지하자, 동시에 그의 권속들이 인도와 히말라야 전역을 이십사역(二十四域)으로 구획하고 각자가 차지할 때, 네팔의 카트만두와 히말라야 등지는 우빠찬도하(Upatshandoha)[25]라는 지명으로 부르게 되었다. 이같이 이십사역의 모든 곳에 시바의 상징인 링가(男根)와 요니(女根)의 조각물을 안치한 뒤, 인간과 짐승을 살육하여 제사를 지내는 등의 삿된 법으로 중생을 인도하기 시작했다.

25) 우빠찬도하(Upatshandoha)의 지명의 유래에 대하여 『빠마까탕(蓮花遺敎)』에서, "또한 [이십사역(二十四域) 가운데] 깔링까와 람빠까 둘을 나찰들이 수중에 넣음으로써 찬도하(Tshandoha)라 이름을 붙였고, 깐찌와 히말라야는 나찰의 권속들이 수중에 넣음으로써 우빠찬도하(Upatshandoha)라 부르니, 이들은 지상에서 온 까닭에 지행(地行)이라 한다"고 하였다. 찬도하는 찬다(Tshanda, ḥdun pa)와 아하(Aha, rtog pa)의 합성어로 뒨똑(ḥDun rtog, 欲想)의 뜻이다.

그 뒤 석가세존이 지상에 출현하여 불법을 전파하게 되는 시기가 다가올 무렵, 천상의 짜끄라쌈바라 세존께서 지상에 강림하여 그들을 모두 주살하여 해탈시킨 뒤, 밀교의 이십사성역(二十四聖域)으로 가지할 때, 네팔의 카트만두와 양라쉬 등지가 고다와리(Godāvari) 지역에 편입됨으로써, 비로소 밀교의 성취자들이 무수하게 출현하게 되었다.

참고로 밀교의 이십사성역은 인체의 이십사맥(二十四脈)과 동일시되니, 곧 심장의 8맥(脈)에서 각각 분화한 것이 24맥이다. 또한 이십사성역에 존재하는 다까(Ḍāka, 空行)와 다끼니(Ḍākinī, 空行母)들은 인체의 24맥에도 각각 존재하며, 이들의 호념과 가지를 통해서 최고의 실지를 성취하게 된다. 그리고 『돔중(勝樂現生)』에서 설하는 이십사성역은 다음과 같다.

"① 머리는 뿔리라말라야(Pullīramalaya)이며, 치아와 손발톱이 흐르는 장소[미체마(不裂)]이다. ② 정수리는 잘란다라(Jālandhara)이며, 머리칼과 털이 흐르는 장소[타쑥마(細色脈)]이다. ③ 오른쪽 귀는 오디야나(Oḍḍiyāna)이며, 피부와 창자가 흐르는 장소[쩨와마(嬉喜脈)]이다. ④ 후두골은 아르부다(Arbuda)이며, 살이 흐르는 장소[왼빠마(左方脈)]이다. ⑤ 왼쪽 귀는 고다와리(Godāvari)이며, 뼈가 흐르는 장소[퉁우마(短

小脈)]이다. ⑥ 미간은 라메쓰와라(Ramesvara)이며, 항시 뼈가 흐르는 장소[뤼밸께마(龜生脈)]이다. ⑦ 두 눈은 데비꼬따(Devīkota)이며, 간이 흐르는 장소[곰빠마(修習脈)]이다. ⑧ 두 어깨는 말라와(Mālava)이며, 항시 쓸개가 흐르는 장소[왕꾸르마(授權脈)]이다. ⑨ 두 겨드랑이는 까마루빠(Kāmarūpa)이며, 눈동자와 살 등이 흐르는 장소[뙨마(犯過脈)]이다. ⑩ 두 젖꼭지는 오디쌰(Oḍḍīśa)이며, 항시 쓸개가 흐르는 장소[죽마(進入脈)]이다. ⑪ 배꼽은 뜨리쌰꾸네(Triśakune)이며, 허파가 흐르는 장소[마모(本母脈)]이다. ⑫ 코끝은 꼬쌸라(Kośala)이며, 창자가 흐르는 장소[챈모(夜陰脈)]이다. ⑬ 입은 깔링가(Kaliṅga)이며, 항시 대변이 흐르는 장소[씰진마(施凉脈)]이다. ⑭ 인후는 람빠까(Lampāka)이며, 항시 배꼽이 흐르는 장소[차와마(暖熱脈)]이다. 이상은 랄라나(左脈)에서 분화한 14맥들이다.

⑮ 심장은 깐찌(Kāñcī)이며, 항문이 흐르는 장소[쏼마(下注脈)]이다. ⑯ 고환은 히말라야(Himalaya)이며, 숨구멍이 흐르는 장소[랑마(狂喜脈)]이다. ⑰ 성기는 쁘레따뿌리(Pretapurī)이며, 연액(涎液)이 흐르는 장소[씬뚜쑥짼마(妙色脈)]이다. ⑱ 항문은 그르하데와따(Gṛhadevatā)이며, 항시 고름이 흐르는 장소[찌마(公共脈)]이다. ⑲ 두 넓적다리는 싸우라스따(Saurașṭra)이며, 항시 피가 흐르게 하는 장소[규진마(施動脈)]

이다. ⑳ 두 종아리는 쑤와르나드비빠(Suvarṇadvīpa, 金州)이며, 땀이 흐르는 장소[조르댈마(離合脈)]이다. ㉑ 손발가락은 나가라(Nāgara)[빠딸리뿌뜨라(Pāṭaliputra)]이며, 항시 지방이 흐르는 장소[둑구마(美姬脈)]이다. ㉒ 발등은 씬두(Sindhu)이며, 눈물이 흐르는 장소[둡마(成就脈)]이다. ㉓ 엄지 손발가락은 마루(Maru)이며, 침이 흐르는 장소[체빠마(燃燒脈)]이다. ㉔ 두 무릎은 꾸루따(Kulūtā)이며, 콧물이 흐르는 장소[이쌍마(賢意脈)]이다. 이상은 라싸나(右脈)에 분화한 10맥들이다."[26)]

26) 『나로최둑쌜된(Nāro chos drug gsal sgron, 那若六法明燈)』, pp.105~107, 뺄조르된둡(dPal ḥbyor don grub), 사천 민족출판사, 1995, 사천, China.

5. 구루 빠드마쌈바와(蓮花生)의 티베트의 인연

1) 구루 빠드마쌈바와의 티베트와 세상에 오신 뜻

일찍이 석가세존께서 도솔천에서 호명보살(護明菩薩)로 계실 때, 오탁악세의 유정들을 제도할 때가 도래하였음을 아시고, 미리 하생오관(下生五觀)[27]을 행하시고 지상에 내려오셨듯이, 구루 빠드마쌈바와께서도 이미 밝혔듯이 석가세존의 밀법을 세상에 전파할 시기가 도래하였음을 아시고 스스로 출현하신 것이니, 『칠종기원문(七種祈願文)』에서 자신이 세상에 오신 목적과 이유를 직접 다음과 같이 밝혔다.

"대아사리께서 말씀하시되, '잘 경청하라, 예시초걜(智王王)이여! 삼계의 모든 중생은 오독(五毒)의 번뇌의 힘으로 분별이 치성하고, 언설이 장황하고 끝이 없으며, 외경과 내심을 가르는 이원의 분별로 착란을 한다. 나는 모든 법신불이 가지하시

27) 하생오관(下生五觀)은 석가모니불의 전신인 호명보살(護明菩薩)께서 도솔천에서 인간세계로 내려와서 성불하실 때 사전에 다섯 가지의 관찰을 하심을 말하니, ① 장소는 까삘라와쑤뚜(黃白城)로, ② 종성은 왕족인 찰제리(刹帝利)로, ③ 종족은 감자족(甘蔗族)인 석가종족을, ④ 어머니는 마야부인을, ⑤ 시기는 오탁악세(五濁惡世)로 결정하심을 말한다.

고, 모든 보신여래가 관정하시고, 모든 화신의 불보살님이 상의한 결과로, 남섬부주와 특별히 어둠의 땅 티베트에 불법을 현양하고, 비밀진언의 과위법(果位法)으로 중생들을 인도하기 위하여, 보배로운 해도(海島)의 한 줄기 연꽃 속에 자생의 화신불의 상징으로 출현하였다. 그러므로 인간으로서 선근을 타고난 믿음을 갖춘 이들이 나에게 극진한 마음으로 기원하면, 인과상속의 특별서원에 의해서 여타의 부처님에 비하여 나의 대비가 더 신속하게 감응한다. 그러니 예시초걜은 큰 신해(信解) 속에서 기원토록 하라!'고 말씀하시고, 고개를 돌려 서남쪽을 바라보았다."

또 같은 책에서, "나 빠드마쌈바와(蓮花生)는 중생을 교화하는 일밖에는 다른 것이 없다. 과거세의 원력에 의해서 티베트에 들어왔다. 믿음을 갖춘 사람에게 실제로 모습을 보인다."라고 하였다.

2) 구루 빠드마쌈바와의 과거세의 티베트 전법의 서원

본래 불교가 들어가기 전의 눈 덮인 설원의 땅 티베트는 제대로 된 문화도 없던 미개한 야만인의 나라였다. 토속종교인 뵌교가 지배하던 어둠의 땅으로 동물을 죽여서 희생제를 지내며, 현세의 기복만을 일삼던 무지의 땅이었으나, 7세기 쏭짼감뽀(Sroṅ btsan sgam po) 법왕이 출현하면서 중국과 네팔 등지에서 불법과 함께 당시의 선진적 문화를 받아들이면서 조금씩 문명의 개화를 이루어왔으며, 8세기 티쏭데우짼 법왕 시절에 아사리 싼따락시따(寂護)와 구루 빠드마쌈바와(蓮花生) 등을 초청하여 쌈얘(bSam yas) 대사원을 건립하고, 출가승단을 조직하고, 역경사업을 광대하게 행하는 것을 시발로 오늘날 티베트 불교라 부르는 독보적인 불교문화를 창출한 뒤, 전 세계적으로 교세를 넓혀가고 있는 것은 우연한 일이 아니다.

그 원인은 아득한 옛날 옛적으로 거슬러 올라가니, 현재 네팔 카트만두에 있는 세계문화유산의 하나인 『네팔 보다나트(Boudhanath) 대탑의 연기』[28]에서 지금의 티베트 불교가 건립되고 융성하게 된 인연의 실마리를 구루 빠드마쌈바와 등의 서원과 그것을 이루기 위한 그들의 장구한 세월에 걸친 노력 등에서 찾을 수 있으니, 그 책에 다음과 같은 사연이 기록되어 있다.

28) 원명은 『최땐첸뽀자룽카쑈르기로귀퇴빠돌와슉쏘(mChod rten chen po bya ruṅ kha śor gyi lo rgyus thos pas grol ba bshugs so)』이다.

"C.E. 768년 원숭이해(丙申年) 원숭이 달(申月) 초열흘날, 뻴쌈애민규르휜기둡빼쭉락캉(dPal bsam yas mi ḥgyur lhun gyis grub paḥi gtsug lag khaṅ, 吉祥不壞天成寺)의 이층의 법당에서 법왕 티쏭데우짼(Khri sroṅ ldeḥu btsan)을 비롯한 군신이십오인(君臣二十五人)에게 『라마양쌍툭둡(Bla ma yaṅ gsaṅ thugs grub, 上師極密心意成就法)』의 대관정(大灌頂) 법회를 거행할 때, 아홉 개의 비단 방석을 쌓은 높은 법좌 위에 오디야나(烏長那國)의 마하구루(Mahāguru) 빠드마쌈바와(蓮花生)께서 좌정하시기를 청한 뒤, 황금 잔에 포도주를 가득 채워서 손에 올리고, 세간의 갖가지 진기한 음식들을 바치고, 국왕의 목에 장식하는 진귀한 터키옥인 쌜와외된(明光燈)을 으뜸으로 삼아 스물한 개의 터키옥과 금가루 다섯 되, 금잔 일곱 개, 비단 백 필과 더불어 일용품들을 올리고 나서, 티쏭데우짼(Khri sroṅ ldeḥu btsan) 법왕이 천 번의 큰절을 하고 나서 다음과 같이 여쭈었다.

'아, 마하구루시여! 제가 비록 변방의 땅 붉은 얼굴의 나라 티베트에 태어났지만, 싸호르(Zahor)의 빤디따 싼따락시따(寂護)와 오디야나(Oḍḍiyāna)의 아사리 빠드마쌈바와(蓮花生)와 같은 위대한 화신 두 분을 초빙하여, 나의 서원인 모든 중생이 공덕을 쌓는 복전(福田)이며, 삼보(三寶)가 머무는 성소인 남섬부주에서 견줄 데가 없는 뺄쌈애민규르휜기둡빼쭉락캉(吉祥不壞天成寺)과 같은 대사원을 건립하니, 변방의 나라로 마치 무명의 어둠에 덮임과 같은 이 티베트 땅에, 삼보의 교법이 설산에 태양이 떠오르듯이 융성함이 불법의 중심 인도 마가다(Magadha)의 땅과 같습니다.

모든 중생이 법을 듣고 말하고, 불법을 닦을 수 있는 상서로운 시절이 도래한 것은, 아득한 과거 연등불(燃燈佛)의 교법 시절에 네팔의 땅 마구따(Maguta)에서 우리가 대시주(大施主)인 닭 키우는 가난한 여인 자지마(Bya rdzi ma, 養鷄女)의 네 아들로 태어났을 때, 자룽카쑈르(Bya ruṅ kha śor, 可作失言塔) 대탑을 건립하고, 그때 세운 서원의 결과라고 하였습니다. 그러니 그 대탑을 어떻게 건립하였으며, 그때 서원을 세운 과정들을 저희에게 소상하게 말씀해 주셔서, 저희가 수긍하고 믿음과 경모의 마음을 일으키게 하여 주소서!'

마하구루께서 말씀하셨다.

'아, 대왕이시여! 잘 들으시고 마음에 기억토록 하십시오. 「자룽카쑈르(可作失言塔)라 부르는 그 대탑이 어떻게 만들어졌는가?」라고 하는 연기는 이와 같습니다. 가히 셀 수도 헤아릴 수도 없는 오랜 겁 전 아득한 옛날에 아미타불 발 아래에서 대보살마하살 성관자재보살님께서 모든 중생을 윤회에서 구제하기를 서원한 뒤, 무량한 중생들을 윤회의 진흙탕에서 해탈시키고, 보타낙가의 산꼭대기로 돌아와서 말하길, 「이제는 한 중생도 있지 않으리라!」라고 생각한 뒤 살펴보니, 육도의 세계마다 마치 농주의 지게미처럼 조금도 줄어들지 않고 있었다. 그래서 「이제는 윤회에서 중생들을 구제하지도 못한다.」라고 한탄한 뒤 눈물을 흘리셨다. 또 두 무명지로 흐르는 눈물을 받아 튕기면서 기원하길, 「이 눈물 두 방울도 또한 미래세에 중생들을 유익하게 하소서!」라고 하자, 그 눈물 두 방울이 삼십삼천(三十三天)에 떨어져 제석천의 두 딸로 태어나니, 큰딸은 이름을 강가마(恒河女)로, 작은딸은 강충마(小恒河女)라 각각 불렀다.

어느 날 작은 딸 강충마가 천상의 꽃을 훔친 죄로 인간세계로 추방당해, 네팔의 마구따(Maguta)란 곳에서 닭 키우는 아버지 쌜와(光明)와 어머니 뿌르나(充滿)의 딸로 태어난 뒤, 이름을 닭 키우는 여인 뎀촉마(大樂母)라 부르게 되었고, 닭을 키워서 생활하였다. 그때 하천한 종성의 네 사람과 정을 통해 아들 넷을 낳으니, 첫째는 말치기와 정을 통해 낳은 아들 하나와 둘째는 돼지치기와 정을 통해 낳은 아들 하나와 셋째는 개치기와 정을 통해 낳은 아들 하나와 넷째는 닭치기와 정을 통해 낳은 아들 하나였다. 그때 어머니는 닭을 키우고 품삯을 저축하고, 네 아들 또한 품을 팔아 삯돈을 벌었다. 그렇게 돈을 모음으로써 많은 재물을 축적하였다.

어느 날 닭치는 어머니가 한 생각을 일으키니, 「내가 닭을 키워 품삯을 모으고 아들 넷 또한 품을 팔아 삯돈을 모았다. 이제 많은 돈을 벌었지만 그렇게 쌓은 많은 재물을 모든 사람이 해탈의 보장(寶藏)을 얻도록 제불여래의 마음의 정수인 영탑과 나의 본존이자, 무량한 중생들의 복전(福田)인 부처님의 사리를 모신 대탑을 세워야겠다. 먼저 국왕을 찾아가 대탑을 세울 땅을 얻기 위해 청원을 해야겠다.」라고 결심한 뒤, 왕의 면전에 나아갔다. 먼저 큰절을 올리고, 주위를 돌고 나서 무릎을 꿇고 합장한 뒤, 「아, 대왕이시여! 저는 닭을 치는 가난한 여인으로 혼자서 닭을 길러서 돈을 벌고, 씨가 다른 아들 넷을 낳고 길렀고, 아들들 역시 품을 팔아 삯돈을 저축해서 재산을 불렸습니다. 이제 그 재산들을 저의 본존이자 무량한 중생들의 복전이며, 모든 부처님의 마음의 정수인 부처님 사리를 모신 대탑을 세우고자 하오니, 그것을 허락해 주십시오!」라고 청하였다. 왕께서 자세히 물어보지도 않고, 대답도 하지 않은 채 잠시 마음을 가다듬고 살펴보더니, 닭치는 한 가난한 여인이 닭을 키워서 돈을 벌고, 씨 다른 아들 넷도 품을 팔아 번 돈을 저축하고, 그렇게 모은 돈들을 가지고서 대탑을 건립하는 일은 참으로 놀라운 일이라는 생각이 저절로 가슴에 떠올랐다. 그래서 「그렇게 하라.」고 허락을 내렸다. 그러자 닭치는 여인이 너무나 기쁜 나머지 감격해서 다시 왕에게 절을 올리고 주위를 수없이 돈 뒤 자기의 집으로 돌아왔다.

그리고 어머니와 아들 넷, 일꾼 한 명을 포함한 여섯 명이 코끼리와 노새를 각각 한 마리씩 데리고 흙벽돌을 실어 나른 뒤, 대탑의 기단을 다지고 쌓기 시작하여 법좌의 세 단 높이가 되었을 때, 네팔의 모든 사람이 이구동성으로 말하길, 「닭키우는 가난한 여인이 이 정도의 대탑을 세운다면, 국왕과 대신과 거부와 귀족들도 전부 이와 같은 탑을 세울 것이다. 이것은 모든 사람을 업신여기고 피해를 주는 일이라고 의견을 모은 뒤, 왕에게 여쭈어서 탑을 세우지 못하게 하는 것이 옳다.」라고 하였다. 모든 네팔사람이 모여서 왕에게 아뢰길, 「아, 대왕이시여! 대왕께서 크게 잘못한 일이 하나가 있습니다. 닭 키우는 가난한 여인이 그와 같은 대탑을 세운다면, 대왕이신 당신과 대신과 거부를 비롯한 귀족들도 또한 선근을 쌓기 위해서 그와 같은 대탑을 세우려고 할 것입니다. 이것을 세우게 하면 우리 모두에게 피해를 주게 되니, 흙과 돌들을 제자리에 갖다 놓게 하고 탑을 못 세우게 하는 것이 옳습니다.」라고 주청하였다. 왕이 대답하길, 「그대들 모두는 잘 듣도록 하라. 닭 키우는 한 가난한 여인이 닭을 키워 돈을 벌고 또한 씨 다른 아들 넷도 품을 팔아 번 돈을 모아서 그와 같은 대탑을 세우는 것은 참으로 놀라운 일이라고 생각한 뒤, 내가 「자루룽(그렇게 하라)」라고 실언을 하였다. 왕명은 한 번 내리면 다시 번복하지 못한다.」라고 말함으로써, 다른 사람들이 저지하려고 하였으나 결국 막지 못하고 건립함으로써, 대탑의 이름 또한 「자룽카쑈르(可作失言塔)」로 널리 알려졌다.

그 뒤부터 여름 겨울 없이 계속 공사를 진행해서 4년 만에 대탑의 봉분 아랫부분들을 완성하였다. 그때 어머니 뎀촉마(大樂母)는 자기의 수명이 다한 줄 알고 아들 네 형제와 일꾼을 불러서 말하길, 「그대들은 나의 본존이자 무량한 중생들의 복전인 이 희유한 대탑을 끝까지 건립하도록 하라. 대탑 안에는 연등부처님의 사리를 모시도록 하고, 낙성식을 성대하게 봉행토록 하라. 그렇게 함으로써 나의 심원이 이루어지고, 시방삼세의 모든 부처님 또한 원심(願心)을 이루게 되고, 그대들 역시 미래에 광대한 이익을 얻게 된다.」라고 유언을 남긴 뒤 숨을 거두었다. 그때 하늘에서 아름다운 소리와 음악, 꽃비가 크게 내리고, 무지개의 광명이 하늘에 서린 가운데, 대탑을 건립한 공덕으로 닭치는 가난한 여인 뎀촉마는 서언불모(誓言佛母) 쁘라모하(尸起)로 성불하였다.

그 뒤 아들 네 형제가 의론하되, 「우리의 노모가 닭치는 가난한 여인으로 태어났을지라도, 씨 다른 아들 네 형제가 품을 팔아 돈을 모으고, 그렇게 쌓은 재산으로 세상에서 보기 드문 이처럼 웅장하고 경이로운 대탑을 세운다면, 우리가 어머니의 선근을 기억하고 은혜를 갚는 일이 된다. 그러니 어머니의 불탑에다 봉분을 조성해야 한다.」라고 의기투합한 뒤, 이전처럼 코끼리와 노새에다 벽돌을 실어 나르고, 일꾼에게 도움을 요청해서 3년 동안 다시 공사를 함으로써, 전체 7년에 걸쳐 공사해서 마친 뒤, 연등부처님의 사리를 인도 마가다의 되로 한 되를 쏙씽(主心木) 안에 봉안하고, 광대한 공양물을 풍성하게 차려놓고 낙성식을 거행하였다. 그때 하늘에 연등부처님이 권속들과 함께 강림하시고, 또한 시방에 계시는 무량한 제불보살님과 아라한 권속들이 강림하여 하늘을 가득 덮었다. 또한 오종성불(五種姓佛)과 문수와 관음, 금강수보살님의 삼부의호(三部依怙)와 무량한 적정존(寂靜尊)과 분노존(忿怒尊)의 성중이 마치 참깨 꽃이 피어나듯이 헤아릴 수조차 없이 강림한 뒤, 꽃을 뿌리고 길상의 축원을 하시니, 갖가지 하늘의 음악이 울리고, 천상의 꽃들이 비처럼 내리고, 천상의 싱그러운 향기가 허공에 가득 차고, 대지는 세 차례 크게 진동하고, 제불여래의 몸에서 무량한 지혜의 광명이 발산되어 5일 동안 밤낮이 없이 찬란하게 빛났다.'

법왕 티쏭데우짼이 또한 기원하되, '아, 마하구루시여! 그와 같은 자룽카쑈르라 부르는 경이로운 대탑 아래서 그들이 어떻게 서원을 세웠으며, 그 서원들을 그와 같이 성취한 내력들을 자세히 설하여 주소서!'라고 하였다. 마하구루께서 다음과 같이 말씀하셨다.

'잘 들으십시오. 대왕이시여! 그와 같이 대탑에 낙성의 꽃을 뿌릴 때, 경이로운 광경들이 그와 같이 일어났을 때, 무량한 제불보살님께서 청정한 금구(金口)로 한목소리 한 곡조로 말씀하시되, 「아, 최상의 복분을 타고난 선남자들이여! 잘 들을지어다. 너희의 청정하고 고결한 마음으로 삼세제불의 마음과 둘이 아닌 법신의 거처로 이같이 희유한 대탑을 건립한 무량한 공덕으로 각자 어떠한 서원을 발하든지 모두 성취하게 된다.」라고 축복하셨다.

네 형제가 의논하되, 「우리의 늙은 어머니께서 스스로 광대한 발심을 하시고, 이와 같은 대탑의 기단을 놓고 쌓은 뒤 수명이 다해 돌아가심으로써, 우리가 어머니의 선근인 대탑의 봉분을 만들고 낙성을 거행한 공덕으로, 시방의 모든 불보살님께서 직접 강림하셔서 어떠한 서원을 세우든지 모두 성취한다는 예언을 받은 이때, 우리는 작지 않은 서원을 하나씩 세울 필요가 있다.」라고 말하였다.

큰 형인 말치기의 아들의 생각에 서원을 세우는데, 「어떤 것이 크고 좋을까?」하고 생각한 뒤, 지금 「얼음이 뒤덮인 변방의 땅」으로 불리는 저 북쪽의 나라는 산들이 모두 눈으로 덮여있고, 평지는 전부 물로 차 있어 여름에는 물새들이 놀고, 겨울에는 얼음 평원으로 존재하는 곳이지만, 미래세에는 물들이 전부 마르고, 석가세존의 교법이 유행하는 시기에는 대비관음의 교화의 땅이 된 뒤, 그곳에서 불법이 광대하게 일어난다는 예언이 있음으로써, 그 땅에 불법이 일어나는 그것을 내가 수립하는 서원을 세워야겠다고 작정한 뒤, 「저는 충심으로 어머니의 대탑의 봉분을 조성한 공덕으로 저는 미래세에 오탁이 치성하는 그때, 석가세존의 교법이 유행하는 시기에 얼음이 덮인 변방의 땅 티베트에 불법을 수호하는 법왕으로 태어난 뒤 불법을 수립하게 하소서!」'라고 서원을 발하였다.

그 뒤 둘째 형인 돼지치기의 아들이 서원을 세우길, 「어머니의 대탑에 봉분을 조성한 공덕으로 큰형이 불법을 수호하는 법왕으로 태어나 불교를 수립할 때, 얼음이 덮인 변방의 땅에 불법의 근본인 승단을 반드시 건립해야 함으로써, 나는 청정한 비구로 태어난 뒤 모든 승려를 출가시키는 친교사로 태어나게 하소서!」라고 발원하였다.

그 뒤 셋째 형인 개치기의 아들이 서원을 세우길, 「어머니의 대탑의 봉분을 조성한 공덕으로 위의 형님들이 얼음이 덮인 변방의 땅에 큰형이 불법을 수립하고, 둘째 형이 불법을 부지할 때 나는 여인의 자궁에서 태어남이 없이 연꽃에서 화생하여, 나고 죽음의 이어짐을 끊어 버린 뒤 수명이 해와 달과 같고, 대력으로 신귀와 인간 셋을 조복하는 진언사로 태어난 뒤, 그 변방의 땅에 사는 흉악한 신과 삿된 악마들을 모두 조복하고, 두 형님의 심원을 성취하고 모든 불법을 수호하는 대력의 진언사로 태어나게 하소서!」라고 발원하였다.

그 뒤 막내인 닭치기의 아들이 서원을 세우길, 「어머니의 대탑의 봉분을 조성한 공덕으로 위의 세 형님이 얼음이 덮인 변방의 땅에 큰형은 불법을 수립하고, 둘째 형은 불법을 부지하고, 셋째 형은 불법을 수호할 때, 그들이 한곳에 태어난다는 보장이 없음으로써, 나는 형님들이 서로 만날 수 있도록 하는 왕명을 받드는 대신으로 태어나게 하소서!」라고 발원하였다.

그때 모든 불보살님께서 한목소리 한 곡조로 말씀하시되, 「아, 최상의 복분을 타고난 선남자인 그대들이 그같이 큰 서원을 세운 것은 참으로 훌륭하고 훌륭한 일이다! 모든 불보살님도 또한 수희찬탄하니, 이와 같은 복덕의 무더기의 크기는 삼세의 제불 또한 능히 헤아리지 못한다.」라고 말씀하셨다. 그리고 시방의 모든 불보살님이 또한 광명과 빛살로 모두 바뀌어 하나의 빛 덩어리가 되어 대탑 속으로 녹아 들어감으로써, 대탑의 이름 또한 제불여래회집탑(諸佛如來會集塔)으로 알려졌다.'"

3) 구루 빠드마쌈바와의 티베트를 떠난 해

아사리 빠드마쌈바와께서 티베트에 들어가신 해와 떠난 해는 역사서마다 서로 다른 논설이 있어서 정확히 알 수가 없으나 대략 유추하면, 먼저 티베트에 들어가신 해는 5대 달라이 라마의 주장대로 762년에 쌈얘 사원의 건립이 시작되었음으로 그 무렵에 티베트에 들어가신 것으로 볼 수 있다.

또한 티베트를 떠나신 해는 『빠마까탕(蓮花遺敎) 제107장, 나찰국으로 떠남』에 의하면, 무티짼뽀(Mu khri btsan po, 798~804 재위) 왕의 재위 기간에 티베트를 떠난 것이 되고, 또한 『칸도예시초걜남타르(空行母智海王傳記)』에서는 다음과 같이 설하였다.

"그 뒤 구루 빠드마쌈바와(蓮花生)의 부모양존께서 티베트의 법왕의 공양처로 쌈얘의 위층 궁전에 머물면서, 군신과 왕비, 백성과 로짜와(譯經師) 모두에게 가르침과 룽장(Luṅ byaṅ), 교계를 널리 설하신 뒤, 다시 원숭이해(804년), 원숭이 달의 초열흘날에 서남방의 응아얍(拂洲)의 쌍독뺄리(赤銅山)로 마하구루께서 햇빛을 타고 가셨다.

나 예시초걜(智海王)은 법왕 등과 여섯 곳의 중요한 수행도량의 일들을 위해 계속 머물면서 중생의 교화사업을 행하고, 모든 땅에다 구루 빠드마쌈바와의 비장법보들을 가득히 채웠다.

그 뒤 구루 빠드마쌈바와를 전송하기 위하여 법왕과 시주와 권속들과 함께 궁탕(Guṅ thaṅ)의 라까르(La kar) 언덕에 올라간 뒤, 구루 빠드마쌈바와로부터 많은 예언과 가르침들을 청해서 듣고 비통한 심정으로 되돌아왔다."[29)]

위와 같이 구루 빠드마쌈바와께서 티베트를 떠나신 해에는 몇 가지 논설이 있으며, 여러 논설을 종합해서 『뒤좀최중(杜鈞敎史)』에서 다음과 같이 결론을 내리고 있으나 이것 또한 정확한 것은 아니다.

29) 『칸도예시초걜남타르(空行母智海王傳記)』, p.169, 딱쌈도제(sTag śam rdo rje) 발굴, 씨퇸미릭뻬뛴캉, 사천민족출판사, China.

"그 또한 티쏭데우짼(Khri sroṅ ldeḥu btsan) 법왕이 21세가 되는 해에 티베트에 와서, 왕이 59세에 운명하고 난 뒤에 16년 6개월을 더 머문 것이 분명하다, 이것은 자파[닝마빠(rÑiṅ ma pa)의 고승]들의 구전과도 일치하며, 또한 『바섀(sBa bshed, 桑耶寺志)』 등에서 짧은 기간 밖에는 머물지 않았다고 말하는 것은, 악신(惡臣)들의 눈앞에 분신을 현시해서, 동밥(Do bab)의 험로의 건너편 인도와 티베트의 국경의 산 위에서, 호송군들이 보는 앞에서 하늘로 날아 올라가, 구름 사이에서 법의를 날리고 석장을 흔들면서 인도로 간 바로 그것이다."[30]

30) 『뒤좀최중(杜鈞教史, bDud ḥjoms chos ḥbyuṅ)』, p.133, 뒤좀·예시도제(bDud ḥjoms Ye śe rdo rjes), 사천민족출판사, 1996, 성도, China.

6. 밀교의 성지가 된 티베트의 인연

1) 밀교의 성지가 된 티베트의 지리적 배경

오늘날 티베트의 전역에는 밀교의 성지가 없는 곳이 없을 정도로 밀교가 성행하는 나라이니, 이것은 7세기 중반 티베트의 최초의 법왕인 쏭짼감뽀(Sroṅ btsan sgam po, 629~650) 왕이 불법을 최초로 받아들이고 티베트를 불토로 가지한 뒤, 백년이 지난 8세기 후반에 구루 빠드마쌈바와(蓮花生)께서 티베트에 밀교를 전파하기 위해서 수미산을 중심으로 티베트의 전역을 가지함으로써, 비로소 티베트 땅이 밀법이 성행하는 불법의 성지가 되는 기틀이 마련되었다.

그 뒤 티베트의 유가성취자인 밀라래빠(Milaraspa)와 라·로짜와(Rva lo tsā ba) 등의 뛰어난 성취자들이 출현하고, 그들이 티베트의 각처를 밀교의 성소로 가지함으로써, 오늘날처럼 티베트 전역이 현교와 밀교를 함께 닦는 수행의 성지가 되었다. 이러한 그간의 사정을 『라치이내익(雪山라치緣起)』에서 설하길, “그같이 길상하신 헤루까(飮血忿怒佛) 세존께서 밀주의 실지(悉地)를 성취하는 수행처소로 가지한 뒤, 오랜 세월 동안 인육을 먹는 용사와 다끼니들이 멋대로 자유롭게 다니고, 유희하는 것밖에는 인간의 몸으로 그곳을 찾는 어떤 누구도 또한 없었다. 석가세존께서 열반에 드신 뒤 336년이 지나서 인도 땅에 대아사리 싸라하(Saraha)가 출현한 뒤 밀교의 33성소(聖所)와 24성역(聖域)을 몸소 답파하였다. 그 뒤 인도의 여러 성취자들이 몸소 순방하였음에도 불구하고 또한, '여기와 여기이다.'라고 하는 이야기조차도 있지 않았다.

쏭짼감뽀 법왕이 티베트의 전역을 가지하고, 그때쯤부터 인육을 먹는 용사와 다끼니들이 조금 온순해진 뒤, [수미산인] 띠쎄(Ti se) 설산의 권역에 속하는 망율(Maṅ yul)과 냐남(sÑa nam)[오늘날 냐낭(gÑaḥ naṅ)] 등지를 인간이 점유하기 시작하였다. 그 뒤 대아사리 빠드마쌈바와(蓮花生)가 몸소 오시고, 인육을 먹는 다끼니들을 호법의 서약에 들여 놓음으로써 과거보다 더 한층 온순해지고, 라치(La phyi) 성지에 온갖 종류의 인간들이 오가는 것이 가능해졌다."라고 함과 같다.

그러나 여기서는 현재 우리가 사는 현겁(賢劫)의 투쟁시(鬪爭時)에 남섬부주에 수미산으로 불리는 띠쎄(Ti se) 설산 또는 강린뽀체(Gaṅs rin po che) 또는 까일라스(Kailash) 산을 중심으로 밀교의 24성역이 결정될 당시와 연계해서 살펴보면, 티베트의 땅은 원천적으로 밀법이 번영할 수 있는 지리적 조건을 갖추고 있는 것은 물론이거니와 동시에, 그것을 실천하고 수행할 수 있는 강렬한 주술적 성향을 지닌 티베트민족이라는 인적조건을 함께 갖추고 있음을 알 수 있다.

특히 밀교의 24성역과 관련하여 티베트의 지리적인 특점을 살펴보면, 먼저 밀교의 본존 가운데 하나인 뎀촉(bDe mchog, 勝樂金剛佛)이 거주하는 띠쎄(Ti se) 설산과 라치(La phyi) 설산과 짜리(rTsva ri) 설산의 셋이 있다.

이 셋은 차례로 승락금강불(勝樂金剛佛)의 몸·말·뜻 셋을 상징하는 성지이니, 『라치이내익(雪山라치緣起)』에 의거하면, "호카(lHo kha) 지방의 짜리(rTsva ri) 설산은 '흑색해모(黑色亥母)의 마음의 성소'라고 하듯이, 승락금강불의 성지 또는 궁전이다. 밀주의 무변한 적정존과 분노존의 성중의 형상이 자생으로 출현하고, 많은 계경과 밀전(密典)과 구결에서 경문으로 증명하였다. 띠쎄·라치·짜리 설산의 셋은 승락금강불의 몸·말·뜻의 성지임과 백사자면(白獅子面)과 잡색호면(雜色虎面)과 흑색해모(黑色亥母)의 셋은 세 성지를 수호하는 다끼니 여신으로 알려졌다."[31]라고 하였듯이, 티베트 땅은 처음 땅이 형성되던 당시

31) 『라치이내익(La phyiḥi gnas yig, 雪山라치緣起)』, pp. ii ~ iii , 도르진된둡(rDor ḥdzin

부터 밀교의 지리적 조건을 갖추고 있음을 알 수 있다.

이 가운데 티베트와 네팔의 경계를 이루는 히말라야산맥에 자리하고 있는 라치(La phyi) 설산은 밀교의 24성역 가운데 하나인 고다와리 성역에 속하며, 또한 인체의 24성역에 연결하면, '왼쪽 귀는 고다와리(Godāvari)이며, 뼈가 흐르는 장소[퉁우마(短小脈)]이다.'라고 함과 같이, "그같이 24성역 가운데 금강신(金剛身)에 연결할 때 이 라치(La phyi) 설산은 왼쪽 귀 고다와리로 알려졌다. 현재 '왼쪽 귀'라고 부르는 바위에 자생의 귀가 있다는 이유 또한 그와 같은 것이다. 요약하면, [인수 100세의] 투쟁시에 길상하신 세존 헤루까(飮血忿怒佛)께서 작포외(作怖畏: 大自在天)의 부부를 제압한 뒤부터 공행(空行)의 8성소 가운데 하나가 '고다와리이다.'라고 승락금강불(勝落金剛佛)의 찰토가 되었음을 알 수 있다."라고 『라치이내익(雪山라치緣起)』에서 말하였다.

또 『쌍데직쑴기최중(密集勝樂大威德三尊淵源精要)』에서, "고다와리(Godāvari)는 소의 공시(供施)라고 하니, 네팔에서 흰 소의 젖으로 공시를 행한 유적으로 정함으로써 대자재천의 링

---

don grub), 2008, Dheradhun, India.

가(Liṅga)가 하나 생겼다. 이곳이 빅제(ḥBigs byed, 霹靂山) 산과 가깝고, 금강보좌에서 걸어서 보름 정도 걸리는 땅에 가져가 수성수(修成水, bsGrub chu)가 발생하는 장소로 알려졌다. (중략) 히말라야(Himalaya)는 설산이니, 티베트 전역을 가리키거나 혹은 설산 띠쎄에 돌로 만든 1자 반 크기의 링가로부터 물이 흐르는 그것을 인정하는 둘이 있다."[32]라고 하였듯이, 이 논설 또한 티베트가 밀교의 성지가 되는 이유를 설명하고 있다.

끝으로 밀교의 24성역이 생기게 된 역사적 유래와 이유를 밝히면, 『돔중(sDom ḥbyuṅ, 勝樂現生)』에서 다음과 같이 밝히고 있다.

"지금 우리가 살고 있는 시대는 주겁(住劫)으로, 이 겁에서 1천 명의 붓다가 차례로 출현하는 까닭에 현겁(賢劫) 또는 광명겁(光明劫)이라 부르며, 우리의 본사이신 석가세존은 4번째 붓다이다.

그 전에 오신 세 부처님은 겁초에 인간의 수명이 무량수에

32) 『쌍데직숨기최중(密集勝樂大威德三尊淵源精要)』, p.336, 응아왕꾼가쏘남(Ṅag ḥdaṅ kun dgaḥ bsod nams), 2018, 서장인민출판사, China.

서 4만세로 줄었을 때 구류손불이, 3만세에 구나함모니불이, 2만세에 가섭불[연등불]이 각각 출현하셨다. 그 뒤 인간이 누리는 법과 재물과 수용과 안락의 4가지가 모두 소진한 [인수 100세의] 투쟁시(鬪爭時)에 접어들 때, 대자재천[시바]이 지상을 다스리기 위하여 강림하였다. 그의 4종류의 분신(分身)들 가운데 하나인 적색 자재천은 수미산 정상을 차지하고, 주살업(誅殺業)을 행하는 분노형상의 자재천은 그의 명비와 함께 인도의 중심인 마가다 땅으로 내려왔다.

그와 동시에 하늘로부터 네 천신과 네 건달바들이 내려와서 뿔리라말라야 등의 8지역을 차지하고, 지상으로부터 네 야차와 네 나찰들이 출현하여 까마루빠 등의 8지역을 차지하였다. 지하에서는 네 용신과 네 아수라가 출현하여 쁘레따뿌리 등의 8지역을 차지하였다. 또한 인비인(人非人) 등의 여덟 명의 흉신들이 팔대시림(八大尸林)을 장악한 뒤, 시바의 상징인 링가(男根)와 요니(女根)의 조각물을 만들어 각각 안치한 뒤, 인간과 짐승을 살육하여 제사를 지내는 등의 삿된 법으로 중생을 인도하기 시작했다.

어느 때 색구경천의 밀엄정토에 계시는 지금강불 세존께

서 그들의 삿된 법을 조복할 시기가 도래하였음을 아시고, 사면십이비(四面十二臂)의 헤루까(Heruka)[33]의 분노하는 모습으로 변신한 뒤, 수미산 정상에 하강하여 적색의 자재천 등을 비롯한 시바의 화신들을 주살하였다.

그와 동시에, 보현보살을 비롯한 24명의 보살들은 24지역의 흉신들을 제압하고, 염마적(閻魔敵) 명왕을 비롯한 8명의 남녀 명왕(明王)들은 팔대시림을 접수하였다. 그 뒤 그들과 똑같은 모습으로 변형함과 동시에 그들의 복장과 지물(持物)들을 그대로 취하고 불살생의 선한 법을 가르쳤다.

그 결과 짜끄라쌈바라(Cakrasaṁvara, 勝樂輪制) 세존께서는 항상 오른발 밑에는 대자재천을, 왼발에는 그의 명비인 뒤챈마(Dus mtshan ma, 時相母)를 밟고 있는 모습으로 등장하게 되었다. 그 뒤 24지역에 짜끄라쌈바라 세존의 궁전을 건립하고, 그곳에 짜끄라쌈바라의 62성중이 거주하는 성소로 가지

33) 헤루까(Heruka, 飲血忿怒佛)는 피를 들이키는 분노하는 부처님의 뜻이다. 본성에 의거해서 말하면, 반야와 대비[방편]가 하나로 결합한 본존의 칭호이다. 또 헤루까의 세 글자는 인과(因果)의 본성이 공하여 삼해탈문(三解脫門)의 자성인 공성과 차별 없는 지혜로써 금강처럼 견고한 유상(有相)의 분별을 파괴하는 분노존의 이름이다.

함으로써, 남섬부주에 24성역이 출현하게 되었다."[34]

2) 밀교가 티베트에 들어가는 상징

앞에서 설한대로 『네팔 보다나트(Boudhanath) 대탑의 연기』에서 오늘날 티베트 불교가 태동하게 된 먼 원인이 이같이, 현겁의 3번째 부처님 연등불의 교법 시절에 네팔의 땅 마구따(Maguta)에서 티쏭데우짼 법왕과 쌴따락시따(寂護)와 빠드마쌈바와(蓮花生)와 대신 예시왕뽀(Ye śe dbaṅ po, 智王)의 네 형제가 자룽카쑈르(可作失言塔) 대탑을 건립한 뒤, 낙성식 때 허공에 출현하신 제불보살님의 발아래에서 세운 미래세에 설원의 땅 티베트에 불법을 건립하길 원했던 각자의 서원에서 기인하였고, 그들이 그 시절의 인연을 기다리면서 각자가 장구한 세월에 걸쳐서 행한 정진의 결실임을 알 수가 있다.

이러한 뜻을 『까탕쌍링마(蓮花生傳)』에서, "그 뒤 아사리 빠드마쌈바와(蓮花生)와 아사리 쌴따락시따(寂護) 두 분께서 인도로 돌아가기로 생각한 뒤, 티쏭데우짼 법왕에게 주청하였

34) 이것은 로쌍·땐다르(Blo bzaṅ bstan dar)의 『콜로돔빼중와죄빼귀댄라매샐룽(ḥKhor lo sdom paḥi ḥbyuṅ ba brjod paḥi rgyud ldan bla maḥi shal luṅ)』을 참조하여 필자가 가필한 것이다.

다. 중앙 티베트에서 탄생하신 법왕 티쏭데우짼과 싸호르(Zahor)에서 온 아사리 썐따락시따와 오디야나(Oḍḍiyāna)에서 온 구루 빠드마쌈바와 세 사람은 아득한 과거 생애에 네팔의 마구따(Maguta)의 지방에서 묀모(Mon mo)의 아들 세 형제로 태어나서, 네팔의 자룽카쑈르(Bya ruṅ kha śor, 可作失言塔)[오늘날 보다나트] 대탑을 건립하고 서원을 세웠으며, 그 뒤 각자의 서원이 성숙하여 썐따락시따(寂護)는 바라문으로 태어나고, 왕은 선인(仙人)의 종성으로 태어나고, 나는 빠쌰찌(鬼母) 아들로 태어나니, 그들 셋이 일시에 회동한 뒤 과거세의 그 대탑에 광대한 공양을 올리고, 각자 이같이 서원을 세웠다.

선인의 아들의 서원은, '나는 후생에 눈과 얼음이 덮인 티베트 땅에 법을 수호하는 법왕으로 태어난 뒤, 붓다의 교법을 수립하게 하소서!'라고 하였다. 그와 같이 서원함으로써 지금 법왕으로 탄생하였다. 바라문 아들의 서원은, '나는 박학한 빤디따(智者)로 태어나고 오명(五明)에 통달함으로써, 붓다의 교법을 수립하는 아사리가 되게 하소서!'라고 서원하니, 지금의 보디싸따(寂護)이다. 삐쌰찌 아들의 서원은, '나는 대력의 진언사로 태어나, 붓다의 교법을 수호하게 하소서!'라고 하였다. 그와 같이 서원함으로써 법왕의 심원을 성취하였다."[35]라

35) 『까탕쌍링마(蓮花生傳)』, pp.55~57, 냥·니마외쎄르 발굴, 四川民族出版社, 1989, 四川, China.

고 해서, 티베트 땅에 불교가 번영하는 원인을 설명하였으며, 또한 밀교가 티베트에 들어가는 상징 역시 다음과 같이 여러 책에 기록되어 있다.

먼저 『까탕데응아(蓮花生五部遺教)』의 「한데까이탕익(神鬼遺教)」에서, "변방의 나라 티베트, 무지의 어둠이 덮인 이 땅, 쁘레따(餓鬼)의 도시, 흉신이 들끓는 이 나라에, 티베트의 법왕 티쏭데우짼이 삼세의 모든 화신 가운데 최고로 수승하신, 불변광명(不變光明)의 무량수불 자체이신 오디야나의 아사리 빠드마쌈바와를 초청하기 위해서 사신을 파견하자, 모든 흉신과 마귀들이 모여듦으로써 나라가 크게 흉흉하였다. 우박과 벼락과 번개, 괴상한 소리와 괴이한 빛, 사나운 폭풍에 땅 또한 흔들렸다. 불과 물, 독과 원적 등의 팔난(八難)이 일어나서 티베트 사람들을 공포에 떨게 하니, 마치 뜨거운 모래밭에 던져진 물고기와 같았다."[36]라고 해서, 티베트에 밀법이 들어오는 것을 불법을 싫어하고 증오하는 티베트의 흉신들이 신통으로 미리 알고서 온갖 해악을 일으키고 방해를 하였다.

36) 『까탕데응아(bKaḥ thaṅ sde lṅa, 蓮花生五部遺教)』, p.11, 오갠링빠 발굴, 北京民族出版社, 1997, 北京, China.

(1) 구루 빠드마쌈바와의 양라쉬 동굴에서의 상징

구루 빠드마쌈바와께서 네팔의 양라쉬(Yaṅ la śod)의 동굴에 머무실 때, 밀법이 티베트 땅에 들어가는 전조가 처음 일어났다. 구루 린뽀체께서 양라쉬의 동굴에서 청정한 여래장을 수증(修證)할 때, 흉신 루공뽀(Klu gyoṅ po) 등이 일으킨 마장을 제압하자, 3년간의 기근과 재앙 등이 멈춤과 동시에 네팔의 초목과 꽃들이 티베트를 향해 고개를 숙이고 피는 등의 현상이 그것이니, 『까탕데응아(蓮花生五部遺教)』의 「한데까이탕익(神鬼遺教)」에서 다음과 같이 기록하였다.

"3년 동안 하늘에는 비가 내리지 않고, 땅에는 풀이 나지 않고 초목이 모두 말랐다. 인도와 네팔에 3년 동안 기근이 들고 사람과 가축들에게 질병이 시꺼먼 구름이 퍼지듯이 번졌다. 구루 빠드마쌈바와께서 흉신들의 장난임을 아시고, 네팔인 지라지싸(Ji la ji sa)와 네팔여인 꾼라꾼싸시(Kun la kum sa shi) 두 사람에게 금가루 한 되를 예물로 들려서 인도에 보낸 뒤, 인도의 빤디따들에게 지또따마붐데(Byi to ta ma ḥbum sde) 가운데 나에게 일어난 장애와 마라를 물리치는 법을 요청하였다. [보드가야의 마하보디(大覺寺)의] 빤디따들 모두가 금강궐(金剛橛) 하나를 주었다. 그것을 양라쉬로 모셔오자 재앙들이 자연스레 소멸하였다. 하늘에는 비가 내리고 땅에는 풀이 자라고 곡식이 익고, 사람과 가축들의 질병과 기근이 그치고 해소되었다.

그때 네팔의 나무들의 끝이 티베트 쪽을 향해서 기울어지고, 꽃들도 티베트 쪽을 향해서 피고, 해와 달과 별들도 티베트 쪽을 향해서 떴다. 이것은 붓다의 교법이 티베트 땅에서 융성하는 조짐이었다. 왕녀이자 여제자인 쌰꺄데와(Śākyadeva)가 구루 린뽀체께 티베트에 가지 말고 네팔 땅에 머무시기를 기원하였다. 오갠 린뽀체의 심원의 힘으로 초목들의 끝이 티베트를 향하는 것인가? 꽃들이 티베트를 향해서 피어나는 것인가? 나 네팔여인의 꿈이 그래서 흉흉한 것인가? 만다라의 광채가 빠르게 쇠퇴하는 도리가 그래서인가? 필연코 마하구루께서 티베트에 가시려는 것과 같다. 아사리께 티베트에 가지 마시고 머무시길 청하였다."[37)]

37) 『까탕데응아(bKaḥ thaṅ sde lṅa, 蓮花生五部遺敎)』, p.14.

(2) 대역경사 바이로짜나(毘盧遮那)의 보드가야 대탑에서의 상징

또한 『바이로짜나남타르드다박첸모(大譯經師毘盧遮那傳記大假面)』의 「갸가르틸두렙내맹악기최쩰왜깝(到中印度尋求教誡時七品)」에서 발췌하면 다음과 같다.

"[아사리 빠드마쌈바와와 친교사 싼따락시따(寂護)와 법왕 티쏭데우짼 세 분이 상의한 뒤, 지금까지 번역한 현밀의 경전들에 대한 의심을 없애는 동시에, 불법을 더 많이 배워오도록 젊은 역경사 바이로짜나(Vairocana, 毘盧遮那)와 짱·응원렉둡(gTsaṅ mṄon legs grub) 두 사람을 인도로 파견하였다. 뱀이 우글거리는 구덩이에 빠지고, 독이 든 음식을 먹고 살아나는 등의 온갖 고생 끝에 두 사람이 중인도에 도착하니, 이때 겪은 고난들을 바이로짜나의 열여섯 가지의 고난이라고 부른다.]

[인도의 중심에 도착한 뒤 우빠데싸(敎誡)의 법을 추구하던 단계]

그 뒤 가져간 금가루를 전부 감춘 채 중인도에 도착하였다. 시장과 마을, 여관과 공원 등을 다니면서 6개월 동안 밀교의 우빠데쌰(敎誡)의 법에 누가 정통하고, 승원의 친교사는 누구이며, 성취를 얻은 이가 누구인지를 물었다. 보통 많은 지자들이 있는 가운데 한결같이 아사리 쓰리씽하(吉祥獅子)를 꼽았다.

그 당시 인도의 싸카부하(Zakhabhuha)라는 지역에 간 뒤, 그곳의 왕인 꾸마쌰두라(Kumaśadu)에게 묻기를, '다헤나(Dhahena)의 보리수대전(菩提樹大殿)이 어디에 있습니까?'라고 묻자, 왕이 답하길, '간밤에 내가 이와 같은 꿈을 꾸었다. 티베트라 부르는 설원의 나라, 암흑에 덮인 무지의 세계에 여의주와 같은 한 국왕이 있으니, 인도의 바라문의 아들인 비구 아와두띠(Avadhuti)가 목숨을 다한 뒤, 티베트의 왕으로 태어난 뒤 티베트의 어둠을 밝히기 위해 보살지(菩薩地)에 머무는 두 보살을 인도에 보냈다. 그 둘이 다헤나의 해와 달 둘을 얻은 뒤 눈 덮인 티베트 땅의 어둠을 밝히는 꿈을 꾸었다. 이것은 자네들 두 비구가 심오한 우빠데쌰를 찾고 있는 상징이니, 다헤나의 보리수대전(菩提樹大殿)을 내가 알려줄 수 없다.'라고 말하였다. 바이로짜나가 대답하되, '본래부터 조작이 없는 법계의 자성은, 흩어지고 모임이 없이 대평등의 상태로 머물며, 불이의 보리법계로부터 본래부터 출현하니, 아가마(敎)과 우빠데쌰(敎誡)를 구하기 위해 나는 오지 않았다. 남쪽의 네팔과 뫼(Mon) 지방은 어떠한지를 티베트 나라에 설명하기 위해 질문한 것이다.'라고 말하자, 왕이 그의 발을 머리에 얹은 뒤 가는 길을 자세히 알려주었다.

거기서 다헤나의 중심에 이르니 그때 기녀 닥니마(bDag ñid ma)와 비구니 꾼가모(Kun dgaḥ mo) 두 여인이 다헤나의 보리수대전 앞에서 유일명점(唯一明点, Thig le ñag gcig)을 딴뜨라(教)와 아가마(教)와 우빠데쌰(教)의 셋으로 나눈 뒤, 논쟁을 벌이는 것을 모든 사람이 보았다. 그곳으로 빤디따들이 모여든 뒤 불길한 몽조(夢兆)를 말하고, '이것은 비구니 두 사람이 논쟁을 벌인 과보이다. 밀법의 우빠데쌰가 티베트로 들어가는 상징인 까닭에, 이제부턴 누구든지 우빠데쌰를 말해서는 안 된다고 하였다. 알려지지 않은 비공통의 딴뜨라들과 우빠데쌰를 포함한 무량한 교법들은 가랍도제(極喜金剛)와 잠뺄셰녠(文殊友)과 쓰리씽하(吉祥獅子) 등의 마음에 감춰서 완전하게 보존한다. 빤디따들과 국왕에게 공통으로 알려진 60가지의 대속부(大續部)과 우빠데쌰들은 보드가야의 금강보좌에 삼중으로 인(印)을 쳐서 은닉하고, 누구든지 우빠데쌰를 중개하고 밀거래하면 왕의 엄벌이 따른다.'라고 선포하였다. 이 소리를 티베트의 두 비구가 듣고서 얼굴이 새까맣게 변했다.

티베트의 두 비구가 다헤나의 대전 문 앞에 앉아 있을 때 문수의 화신인 한 늙은 여인을 만났다. 그녀에게 다헤나의 첫 번째 대전과 중간 대전이 어디에 있으며, 아사리 쓰리씽하는 어디에 머무는지를 물었다. 늙은 여인이 말하길, '나에게 선물을 주면 말해주겠다.'라고 한 뒤 꾸뜨라(Kutra) 호숫가로 갔다.

늙은 여인에게 금가루를 선물하자 그 늙은 여인이 물속으로 들어간 뒤, 전단의 잎사귀로 몸을 가리고, 긴 대나무의 우보(Ubho) 안에서 위로 향해 말하길, '아사리 잠뻴쎼녠(文殊友)은 꿈을 이같이, 「비구니 꾼가모(Kun dgaḥ mo)와 닥니마(bDag ñid ma) 두 사람이 하나의 일체종(一切種, rNam pa thams cad gcig) 외에 없음에도 착란을 일으켜 딴뜨라(敎)와 아가마(敎)와 우빠데쌰(敎)의 셋으로 나눈 뒤, 그같이 조작이 없고 자성이 없는 그것을 상중하의 세 근기로서 무조작의 법을 세 가지로 구별하였다. 딴뜨라와 아가마와 우빠데쌰 셋 또한 하나의 본성에 대해 세 근기가 각각 착란하고 억지로 시설한 뒤 셋으로 고집하는 이것은 강한 탐착과 분별의 바람이 존재함으로써, 물소와 여인과 개 등의 이것은 착란의 그물을 견고하게 집착함으로써, 오온과 색온을 교수함이 있음으로써, 분별을 벗어난 삼매의 본성 또한 엄중하게 누르고 둘로 나눈 이것을 붉은 얼굴 나찰의 땅 티베트에서 지자의 우빠데쌰와 비밀의 논전들을 지중(地中)에 머무는 보살이, 문수의 화신인 국왕의 권속에다 밀법을 넣어주는 꿈이다.」라고 말하는 것을 나 늙은 여인이 들었다. 그러므로 티베트의 비구가 대사를 반드시 성취한다.'라고 늙은 바라문 여인이 말하였다.

또 말하되, '키이캔뽀(Khyiḥi mkhan po) 다후나(Dhahuna)가 말하길, 「한 생에서 불과를 얻는 인과의 둘을 초월한 아띠요가(Atiyoga)의 법을 유업과 대비가 연결된 유가행자이자 법기와 법연을 갖춘 두 비구가, 불신(不信)의 나라로부터 과법(果法)을 얻기 위해 우리의 나라로 온 뒤, 여인의 곁에서 비열한 방법으로 말을 걸어, 근본서언을 허물고 비밀을 지키지 못하게 하여, 평지를 가지 않고 산에 얼음이 덮인 지방으로 밀주를 변방의 나라로 가져가는 꿈을 꾸었다.」라고 말하는 것을 나 늙은 여인이 들었다. 그러므로 티베트의 비구가 대사를 반드시 성취한다.'라고 늙은 바라문 여인이 말하였다.

또 말하되, '키이걜뽀치마(狗本王)가 말하길, 「불변하는 각성이 삼세의 붓다이니, 언설을 벗어난 희유한 본성에는 둘이 없으나, 여인의 본성은 윤회의 법에 애착을 버리지 못함으로써, 팔지(八地)를 밟을지라도 또한 윤회에 떨어지는 위험이 있다. 세존께서 설하신 대락의 우빠데쌰들인 그같이 조작이 없는 허공처럼 청정한 마음은 본래부터 둘이 없는 평등의 왕인 그것을, [딴뜨라와 아가마와 우빠데쌰] 셋으로 나눈 그것으로 인해서, 세간의 환법(幻法)에 착란을 일으킨 마음이 하나를 셋으로 나눈 허물이 모여서, 세존의 대비가 쇠퇴하고 잘못됨이 다함이 없다. 변방 가운데 변방인 티베트 땅에 관음보살의 대비의 태양이 출현함으로써, 가장 출중한 붉은 얼굴의 왕이 지중(地中)에 머무는 보살 비구에게 금가루를 들려주자 그들이 여기에 온 뒤, 우빠데쌰들을 빗자루로 쓸어 담아가는 꿈을 꾸었다. 밀법이 논쟁의 실마리가 되었다.」라고 말하는 것을 나 늙은 여인이 들었다. 그러므로 티베트의 비구가 대사를 반드시 성취한다.'라고 늙은 바라문 여인이 말하였다.

또 말하되, '선인 바씨따(Bhaśita)가 꿈을 말하길, 「하나밖에 없는 법성의 보리심은 딴뜨라와 우빠데쌰와 아가마 셋으로 강설하지 못하니, 언설과 사유, 문자에서 벗어난 바이며, 논쟁의 단초가 없음에도 논쟁의 실마리가 되었다. 여인은 비밀의 법구를 단속하지 못한다고 세존께서 설하신 말씀은 진실이다. 그것의 허물이 되어 이같이 꿈을 꾸니, 유업과 자비를 지닌 국왕과 법기와 법연을 갖춘 두 비구가, 변지의 땅으로부터 과법(果法)을 얻기 위해서, 그 인연으로 인도 땅에 머물고 있다. 근본서언을 수호하지 못하고 비밀을 지키지 못함으로써, 평지를 가지 않고 얼음이 덮인 나라로 밀주가 유실되어 티베트로 흘러 들어가는 꿈을 꾸었다.」라고 말하는 것을 나 늙은 여인이 들었다. 그러므로 티베트의 비구가 대사를 반드시 성취한다.'라고 늙은 바라문 여인이 말하였다.

또 말하되, '아사리 쓰리씽하(吉祥獅子)가 꿈을 말하길, 「여인은 항시 나쁜 행위를 칭찬하는데 능통하다. 세속의 환법(幻法)을 제일의(第一義)의 법으로 삼아, 논제를 구분하지 못하고 부끄러움도 없고 즐거워하며, 비밀의 법구를 지키지 못하여 논쟁의 실마리가 되고, 그것이 원인이 되어 이같이 꿈을 꾸었다. 여기에 태양과 달 둘이 있었는데, 태양을 마딱(rMa sprag)에 넣고 가져가는 꿈을 꾸었다. 달 하나가 우리에게 거두어지는 꿈을 꾸었다. 지자의 우빠데쌰가 티베트에 흘러 들어가는 것이 분명하다.」라고 말하는 것을 나 늙은 여인이 들었다. 그러므로 티베트의 비구가 대사를 반드시 성취한다.'라고 늙은 바라문 여인이 말하였다.

또 말하되, '비구니 꾼가모가 꿈을 말하길, 「모든 법은 보리심이다. 조작이 없는 자성의 하나의 법성을 번뇌의 힘에 사로잡힌 여인의 생각으로 하나를 셋으로 나눔으로써 논쟁의 실마리가 되었고, 대평등의 뜻에서 쇠퇴함으로써 한차례 불길한 꿈을 이같이 꾸었다. 변방의 티베트 땅 어둠의 나라에 문수보살의 화신인 티베트 왕이 무공용(無功用)의 대락의 우빠데쌰의 불법을 인도 땅에서 찾도록 보살의 화신인 두 젊은이를 보냄으로써, 인도의 모든 지자에게 박혀있는 등불이 타오르는 하나의 보배구슬 그것을 뿌리째 뽑아서 티베트 땅으로 가져가는 꿈을 꾸었다. 그것은 비밀의 우빠데쌰가 티베트에 흘러 들어가는 상징이다.」라고 말하는 것을 나 늙은 여인이 들었다. 그러므로 티베트의 비구가 대사를 반드시 성취한다.'라고 늙은 바라문 여인이 말하였다. 인도의 현자들에게 처음 불길한 꿈이 일어난 것을 늙은 여인이 말하였다.

[다헤나의 보리수대전(菩提樹大殿)의 정문에 앉아 있다가 바라문 여인 쎌로되(Śel blo gros, 水晶慧)가 물을 푸려고 오자 그녀를 만나 서신을 전해준 덕분에 겨우 쓰리씽하를 친견할 수 있게 되었다.]

그 뒤 정오에 아사리 쓰리씽하(吉祥獅子)를 뵈었다. 예배를 드리고 주위를 돌고 존경을 표시한 뒤, 황금 천량(千兩)을 예물로 드리고 법왕 티쏭데우짼의 전기를 소개하고, 한 생에 성불하는 무공용의 아띠요가(Atiyoga)의 밀법을 전수해주시길 청하였다. 아사리 쓰리씽하께서 말씀하시길, '비구니 닥니마와 꾼가모 둘이서 경문을 거론하며 논쟁을 함으로써, 모든 빤디따에게 불길한 몽조가 생겼다. 빤디따들이 모여서 상의하되 까래빠(bKaḥ klad pa)들을 불태우고, 모든 경전을 모아서 금강보좌에다 은닉한 뒤, 모든 빤디따가 봉인하고 국왕이 봉인해 놓음으로써 설하기가 쉽지가 않다. 그렇지만 불법이 변방의 땅에서 융성하는 시절이 도래함으로써, 내가 꿈을 분별하고 말한 뒤 선정에 들어 관찰한 바 조짐이 좋았다.

티베트에 무공용의 교법으로 유익함이 있게 된다고 하신 뒤, 이제 티베트 땅에 전송해야 하는 시절이 도래하였기에 보내고자 한다.

전송하는 묘한 방법이 필요하다. 만약 방법이 어설퍼서 국왕이 알게 되면 우리 셋의 목숨 또한 위험할 뿐만 아니라, 우빠데쌰까지 완전히 없애버리게 된다. 우선 그대 두 사람은 다른 빤디따로부터 인과의 교법을 완전하게 청문하도록 하라. 큰 빤디따들에게 또한 황금을 공양하고 밀법을 청문토록 하

라. 그 뒤 그들이 눈치채지 못하게 정오에 공용(功用)을 씀이 필요 없는 무공용의 족첸(大圓滿)의 교법을 내가 설한다.'라고 하였다.

처음 인승(因乘)의 법들을 모두 완전하게 청문하고, 다음에 본속(本續, gSaṅ sṅags phyi ma)의 법들을 또한 온전하게 청문하였다. 그 뒤 일곱 가지의 본속의 내외와 비밀의 세 관정을 온전하게 청문하고, 본속의 내밀한 모든 법을 허다하게 청문하였다. 그 뒤 화신의 아사리 가랍도제(極喜金剛)와 잠뺄셰녠(文殊友) 두 분을 친견하고, 금가루와 금장식의 꽃을 올리고 절을 한 뒤, 주변을 돌고 발을 머리에 얹어 존경을 표시한 뒤, 우빠데쌰를 청하자 관정과 가피를 내리고, 우빠데쌰의 법들을 완전하게 수여하고, 아사리 쓰리씽하에게 오로지 청문하도록 말씀하셨다.

그 뒤 아사리 쓰리씽하(吉祥獅子)의 면전에 나아가 우빠데쌰의 법들을 청하자, 쓰리씽하께서 우빠데쌰의 법들을 얻으려면 먼저 신통이 필요하다고 한 뒤, 쓰리씽하께서 야차 까르다동(sKar mdaḥ gdoṅ, 流星面)으로 변성하자, 바이로짜나는 쎙게랍땐(Seṅ ge rab brtan, 堅實獅子)로 변신하고, 짱·응원렉둡(gTsaṅ mṄon legs grub)은 오리로 변신한 뒤, 한낮에 [빤디따들과 국왕의] 인장 둘로 봉인한 뒤, 금강보좌에 은닉한 우빠데쌰의 법들을 꺼내기 위해서 날아갔다. 거기서 봉인을 해제하고 우빠데쌰의 법들을 꺼내자, 내외의 밀주의 법을 수호하는 모든 호법신이 본신을 실제로 드러낸 뒤, 쓰리씽하와 바이로짜나의 주위를 오른쪽으로 돌고 나서 발을 머리에 얹은 뒤, '불법수호의 부촉을 받은 우리 비인간의 호법신들 모두가 이 교법들의 뒤를 따르고, 크게 따르고 있습니다. 우리 일부는 마치 흉중에서 심장을 꺼낸다는 생각을 일으키고, 일부는 아버지를 살해하는 생각을, 일부는 어머니를 살해하는 생각을, 일부는 여의주를 버리는 생각을 일으킵니다. 이 우빠데쌰의 말씀을 뒤쫓아 수행하고, 스스로 감당하는 사람들과 경문대로 행하는 이들을 우리 비인간들은 정수리의 보배처럼 그들의 분부를 받들고 일꾼처럼 일합니다. 모든 생각을 이루게 합니다. 그리고 우리는 교법의 준수를 엄밀하게 조사하니, 이 우빠데쌰를 애중히 간직하시길 바랍니다. 경문대로 수증하시길 바랍니다. 완전한 비공통의 법인 까닭에 극히 비밀스럽게 행하시길 바랍니다.'라고 말한 뒤, 사라졌다. 그 뒤 해제한 봉인을 다시 본래대로 봉인한 뒤 까귀(bKaḥ brgyud, 傳承敎法)와 우빠데쌰(敎誡)들을 가지고 다헤나의 보리수대전으로 돌아왔다.

그 무렵 또한 빤디따들이 불길한 꿈을 꾸었다. 일곱 명의 핵심 빤디따 등이 한자리에 모여 각자의 꿈을 이야기하였다.

먼저 아사리 잠뺄쎄녠이 말하길, '모든 수레(乘)의 정점이자, 모든 붓다의 마음인 평등하고 자연히 구족된 대락의 본성에 분별의 세 바람이 동요함이 없이 머무를 때, 마음의 느낌 위에 이같이 꿈을 꾸었다. 인도의 모든 지자에게 필요한 등불이 타오르는 보석의 최동(mChod sdoṅ, 燈供臺)을 금강보좌에다 봉인하여 놓아둔 것을 티베트의 비구 둘이 뽑아서 가져가는 꿈을 꾸었다. 혹여 금강보좌의 우빠데쌰를 가져가는 것이 아닌가?'라고 하였다.

키이캔뽀 다후나가 꿈을 말하길, '허공처럼 평등한 광대한 대락의 법계에서 스스로 생겨난 불이의 본래 청정의 본성인 변함이 없고 조작이 없는 자성에 머무를 때, 마음의 느낌 위에 이같이 꿈을 꾸었다. 문수의 화신인 티베트의 왕이 보살의 화신인 비구 둘을 보내서, 인도의 지자 스물한 명의 감관의 정화인 두 눈을 이마에서 뽑아내 티베트로 가져가는 꿈을 꾸었다. 혹여 금강보좌의 우빠데쌰를 가져가는 것이 아닌가?' 라고 하였다.

키이걜뽀치마(狗本王)가 꿈을 말하길, '그같이 조작 없는 대평등의 뜻인 둘이 없고 방소가 없는 생김이 없는 본성인 언설에서 벗어난 뜻을 내가 사유할 때, 느낌과 꿈을 이같이 꾸었다. 인도의 불법의 시원이자 불교의 근원인 세존의 몸의 의지처인 그 보리수를 티베트의 젊은 두 비구가 보리수를 뿌리 채로 뽑아서 티베트로 모두 가져가는 꿈을 꾸었다. 혹여 금강보좌의 우빠데쌰를 가져가는 것이 아닌가?'라고 하였다.

비구니 닥니마가 꿈을 말하길, '불이의 허공처럼 청정한 법계의 분별을 여의고 사유를 여의고 보는 것을 여읜 본성인 스스로 생겨난 조작 없는 대락에 머무를 때, 마음의 느낌 위에 이같이 꿈을 꾸었다. 우리의 모든 빤디따가 설한 뜻이자, 모든 소망을 산출하는 그 여의주를 붉은 얼굴의 나찰 땅 티베트의 두 비구가 그것을 뿌리 채로 뽑아서 티베트로 가져가는 꿈을 꾸었다. 혹여 금강보좌의 우빠데쌰를 가져가는 것이 아닌가?'라고 하였다.

선인 바씨따(Bhaśita)가 꿈을 말하길, '스스로 생겨나고 자연히 구족된 불생의 본성인 가히 보지도 못하고 언설에서 벗어난 이 뜻에 명징하고 산란이 없이 머무를 때, 마음의 느낌 위에 이같이 꿈을 꾸었다. 인도 땅의 여의수(如意樹)들이 잎이 무성하고 꽃과 열매가 풍성한데, 변방의 티베트에서 온 두 비구가 낫을 들고 여의수를 베어서 넘어트린 뒤, 뿌리 한 덩어리만 인도에 남겨놓고 줄기와 잎을 티베트로 가져가는 꿈을 꾸었다. 혹여 금강보좌의 우빠데쌰를 가져가는 것이 아닌가?'라고 하였다.

아사리 쓰리씽하가 꿈을 말하길, '가히 보지 못하는 비밀의 대락의 허공법계로부터 일체로 나타나는 자생의 법성에 명징하고 산란이 없이 머무를 때, 마음의 느낌 위에 이같이 꿈을 꾸었다. 붓다의 금구(金口)에서 설하신 그 감로의 바다를 금강보좌에다 다섯 겹으로 봉인하여 놓은 것을 어둠의 땅 변방의 티베트에서 온 보살의 화신인 두 비구가 감로와 같은 묘법의 구슬을 가져가는 꿈을 꾸었다. 금강보좌의 우빠데쌰를 가져가는 것이 아닌가?'라고 하였다.

비구니 꾼가모가 꿈을 말하길, '희유한 불법의 정수인 아띠요가의 묘법, 평등해도 섞임이 없는 삼신불의 마음의 진수를 깨달은 상태에 산란이 없이 머무를 때, 마음의 느낌 위에 이같이 꿈을 꾸었다. 삼세제불의 마음의 진수를 뽑아내고 무생의 뜻을 통달한 빤디따들의 마음의 정수인 보석의 경함(經函) 하나를 금강보좌에다 봉인하여 은닉하여 놓은 그것을 보살의 화신인 티베트의 두 비구가 보석의 경함을 티베트로 가져가는 꿈을 꾸었다. 혹여 금강보좌의 우빠데쌰를 가져가는 것이 아닌가?'라고 하였다.

그 자리에 모인 빤디따들 가운데 참석하지 않은 빤디따들과 금강보좌에 누가 있었는지를 조사하였지만 어떤 것도 알 수가 없었다. 금강보좌에 모인 국왕이 관리자 등에게 금강보좌에다 봉인하여 은닉한 장소에 누가 왔었는지를 물었지만 아무도 오지 않았다고 말함으로써, 자취조차 또한 찾지 못하였다. 그 뒤 빤디따들이 회의한 뒤 금강보좌의 우빠데쌰를 누구든지 꺼내지 못하게 하였다. 만약 누구든지 꺼내면 빤디따들과 국왕의 처벌을 받는다는 왕명을 내렸다."[38]

또 같은 책에서 다음과 같이 설하였다.

"그 뒤 역경사 바이로짜나가 티베트로 떠나고자 하였다.

38) 『바이로짜나남타르다박첸모(大譯經師毘盧遮那傳記大假面)』, pp.115~130, 유다닝뽀(gYu sgra sñiṅ po), 四川民族出版社, 1995, 四川, China.

그때 모든 빤디따의 몽조(夢兆)와 조짐이 불길하였다. 모든 꽃이 티베트를 향해 피었다. 전단과 약초 등의 모든 향기를 바람이 티베트로 몰아갔다. 모든 개가 티베트를 향해 짖었다.

여기서 인도의 불법을 수호하는 법왕과 일곱 명의 지자 등이 각자의 갖가지 불길한 꿈들을 말하였다. 황백성(黃白城)이라 부르는 뺄중(dPal ḥbyuṅ, 吉生), 길상한 날렌드라(Nālendra)의 사원의 문에 모인 뒤, '모든 사람이 흉조와 불길한 조짐 이것이 무엇의 과보인가?'라고 말하자, 이것은 어떤 것이 아니니, '티베트의 비구가 우리의 우빠데쌰의 법을 가져가는 것이다.'라고 말하였다."[39)]

39) 『바이로짜나남타르다박첸모(大譯經師毘盧遮那傳記大假面)』, pp.146~147.

기원문(祈願文)

1. 연화금강자생관정수증문(蓮花金剛自生灌頂修證文)
2. 연화생수증칠구문(蓮花生修證七句文)
3. 전승상사기원문(傳承上師祈願文)
4. 구루 린뽀체의 칠종기원문(蓮花生七種祈願文)
5. 구루 린뽀체의 바르채람셀마(諸障消滅祈願文)
6. 떼르된 데첸링빠의 뒤쑴쌍개마(蓮花生三世佛)
7. 구루 린뽀체의 이별가: 나는 가네!
8. 떼르된 직메링빠의 적동산왕생발원: 적동산으로 가는 비밀의 길
9. 연사기원문: 성취여의우연회(成就如意牛宴會)

1. 연화금강자생관정수증문 (蓮花金剛自生灌頂修證文)[40)]

귀의(歸依)

나모 구루 제불선서가 응결된 화현이시며
불법승 삼보의 본질이신 연화금강존자께
제자와 더불어 육도의 중생들은 다 함께
위없는 정등각을 이룰 때까지 귀의하옵니다! (3번)

보리심(菩提心)의 생기

중생의 행복을 위해 보리심을 발한 뒤에
스승님의 붓다의 정등각을 닦아 얻은 뒤
어디서나 일체에 수순하는 교화사업으로
모든 유정들을 해탈시키길 서약하옵니다!

칠지공양(七支供養)

스승님과 본존 다끼니 성중께선

40) 원문은 『오갠린뽀체쏠뎁찌뗀께빠(Orgyan rin po cheḥi gsol ḥdebs sPyiḥi rten bskyed pa)』이며, 『빼마까탕(蓮花遺敎)』(사천 민족출판사, 1993, 成都, China)의 「부록2, 찌뗀께빠(本尊生起)」에서 발췌하였다.

청정한 이 도량에 강림하시여
연꽃과 일월로 아름답게 장엄한
사자의 보좌 위에 좌정하옵소서!

저의 몸·말·뜻 셋을 다하여 공경히 예배하옵니다!
안과 밖과 비밀의 세 가지 공양들을 올리옵니다!
서언의 퇴실과 죄장들을 숨김없이 참회하옵니다!
비밀의 진언승을 닦고 익힘을 더불어 기뻐하옵니다!
중생을 성숙해탈 시키는 밀법을 굴리시길 청하옵니다!
영원히 열반에 들지 않고 세상에 머무시길 청하옵니다!
깨달음 공덕의 진수를 중생의 행복 위해 회향하옵니다!
금강의 진실한 이취(理趣)를 모든 이가 깨닫게 하옵소서!

본존(本尊)의 생기

앞면 허공의 오색광명의 빛무리 가운데
사자가 떠받치는 연화일월의 보좌 위에
삼신의 제불여래들이 응결된 현존이자
본사이신 연화금강(蓮花金剛) 존자께서[41)]

41) 연화금강(蓮花金剛)은 구루 빠드마쌈바와(蓮花生)의 별명으로 연꽃에서 자생하신 바즈라 구루(金剛上師)라는 존칭이다.

적정과 분노를 표하는 적백의 존안에
금시조 깃털을 꽂은 연화모를 쓰시고
비단의 주의(呪衣)에 법의를 걸치시고
오색 비단망토로 법체를 장엄하신 채

오른손엔 불괴의 오고 금강저를 쥐고
왼손엔 불사의 감로수 보발을 드시고
왼쪽 팔꿈치엔 카땀가(骨杖)를 끼고서
금강 가부좌를 단엄하게 맺고 계신다.

고귀한 스승님의 몸·말·뜻 삼륜에서[42)]
상사와 본존과 공행모의 근본삼존과
무량무변한 호법과 수호성중 모두가
출현하고 회래하는 장관이 일어난 뒤
실제처럼 나의 면전에 머물러 계신다.

42) 몸·말·뜻 삼륜(三輪)은 정수리에 있으며 붓다의 신밀(身密)을 상징하는 정륜(頂輪)과 붓다의 어밀(語密)을 상징하는 인후륜(咽喉輪)과 붓다의 의밀(意密)을 상징하는 심륜(心輪)의 셋이다.

[위와 같이 관상한 뒤에 『쏠뎁리우뒨마(蓮師自作七種祈願文)』와 『쌈빠휜둡마(心願自然成就願文)』[43] 등을 독송한다. 그 뒤 스승의 마음을 자극하고 움직이기 위해 구루 린뽀체의 12음절 만뜨라인 '옴 아 훔 바즈라 구루 빼마 씻디 훔!'을 힘닿는 대로 염송한 다음에]

스승의 삼륜 속의 세 종자진언에서[44)]
차례로 한 번씩 광명이 방사되어서
내 몸의 삼처(三處) 속에 녹아들어[45)]
사관정을 획득하고 사장을 정화하여[46)]
사도(四道)를 닦는 법기를 성취하며[47)]

43) 『쌈빠휜둡마(心願自然成就願文)』는 구루 린뽀체께서 왕자 무티짼뽀에게 직접 설한 기원문이다.

44) 삼륜(三輪) 속에 있으며, 붓다의 몸과 말과 뜻을 각각 상징하는 종자진언인 백색의 옴(Oṃ)과 적색의 아(Āḥ)와 청색의 훔(Hūṃ)의 셋이다.

45) 삼처(三處)는 부정한 신구의 셋을 표시하는 머리와 인후와 심장의 세 곳이다.

46) 사관정(四灌頂)은 보병관정(寶甁灌頂)과 비밀관정(秘密灌頂)과 반야관정(般若灌頂)과 구의관정(句義灌頂)의 넷을 말하며, 사장(四障)은 업장(業障)과 번뇌장(煩惱障)과 소지장(所知障)과 정장(定障)의 넷을 말한다.

47) 사도(四道)는 곧 보병관정의 도인 생기차제와 비밀관정의 도인 해탈도(解脫道)와 반야관정의 도인 방편도(方便道)와 구의관정의 도인 심밀도(深密道)의 넷을 말한다. 다시 말해, 보병관정의 도는 조분(粗分)과 세분(細分)의 2가지 생기차제를, 비밀관정의 도는 풍금강(風金剛)의 염송과 환신(幻身)을, 반야관정의 도는 공성의 광명을, 구의관정의 도는 쌍운(雙運)의 지금강위(持金剛位)를 각각 닦는 것을 말한다.

최후엔 성중들이 빛으로 용해된 뒤[48)]
나의 심장으로 스며들어 하나 된 뒤
사유를 초월한 법신의 참모습을 본다.

회향(回向)

이러한 선근으로 저 또한 신속하게
오갠의 연화금강 존자를 이룬 뒤에
단 하나의 유정조차도 버림이 없이
당신의 경지로 속히 인도케 하소서!

이 또한 화신의 복장대사인 촉규르·데첸링빠(mChog gyur bde chen gliṅ pa, 1829~1870)의 본존의 염송으로 행함을 이같이 기록하라고 말씀하신 대로 구루 연화금강 존자를 우러러 사모하는 시종인 지비(智悲)의 법주 빼마외쌜(Padma ḥod gsal, 蓮花光)·동악링빼데(mDo sṅags gliṅ paḥi sde, 顯密主軍)가 기록하다. 길상원만!

48) 이것은 관상으로 생기한 수행의 근본삼존인 스승과 본존과 다끼니 여신들과 호법성중들이 차례로 빛으로 변화한 뒤, 행자의 몸속으로 녹아들어 불이의 상태를 이루고 나서, 행자 또한 빛으로 변화되어 법계 속으로 용해됨을 말한다.

2. 연화생수증칠구문(蓮花生修證七句文)[49]

훔! 다끼니의 고향 오디야나의 서북방
다나꼬쌰 호수의 연꽃에서 탄생하시고
희유한 최승의 실지(悉地)를 얻으시어
빠드마쌈바와로 알려지고 칭송받으며
다끼니 여신들이 권속으로 위요하시네!
당신을 따라 저 또한 수증(修證)하오니[50]
신속히 강림하여 가피를 내려주옵소서!
구루 빼마 씻디 훔!

오갠율기 눕장참	빼마게싸르 동뽈라
야챈촉기 응우둡니	빼마중내 셰쑤닥
코르두칸도 망빼꼬르	케끼제쑤 닥둡끼
진기랍치르 쎅쑤쏠	구루 빼마 씻디 훔!

49) 원문은 『구루칙뒨쏠뎁(Guru tshig bdun gsol ḥdebs)』이며, 『빼마까탕(蓮花遺敎)』(사천민족출판사, 1993, 成都, China)의 「부록2, 찌뗀께빠(本尊生起)」에서 발췌하였다.

50) 이 구절의 뜻에 대하여, "의호자인 당신의 뒤를 저와 타인들 모두가 따르고, 거기에서 벗어나지 않음을 성취하는 것이다."라고 주미팜·잠양남갤갸초(ḥJu mi pham ḥJam dbyaṅs rnam rgyal rgya mtsho, 文殊尊勝海, 1846~1912)의 『칙뒨남쌔빼까르(蓮師七句白蓮釋)』에서 설명하고 있다.

구루 린뽀체의 심장과도 같이 소중한 기원문인 이 『칙뒨마』가 티베트에서 처음 유행하게 된 것은 복장대사 구루최왕(Guru chos dbaṅ, 上師法自在, 1212~1273)이 『칙뒨마(Tshig bdun ma)』가 실려 있는 『라마쌍뒤(Bla ma gsaṅ ḥdus)』를 발굴하면서부터이다. 근세에 또한 꽁뚤·왼땐갸초(Koṅ sprul Yon tan rgya mtsho, 功德海)로 널리 알려진 치메·융둥링빠(ḥChi med gYuṅ druṅ gliṅ pa, 1813~1899)가 다시 이 비장법보를 찾아냄으로써 조금도 쇠퇴함이 없이 이어지고 있다.

이 『칙뒨마(Tshig bdun ma)』의 역사를 간단히 소개하면, 이 기원문의 첫 유래는 극락세계에서 시작하며, 인간계에 처음 전파된 시기는 8세기 초반이다. 초전에 대한 닝마빠(舊密)의 고승인 주미팜(ḥJu mi pham) 린뽀체의 『칙뒨남쌔빼까르(蓮師七句白蓮釋)』의 설명에 의하면, "이 『연사금강칠구(蓮師金剛七句)』의 연기는 금강 다끼니(空行母)들이 구루 린뽀체를 [보드가야의 금강보좌의] 공양집회에 초청하는 시가로 알려졌다.

과거 나란다 승원을 포위한 운문학(韻文學)과 논리학(論理學)에 통달한 500명이 넘는 외도의 도사들에 의해 불법이 패망하는 직전까지 당도하였으나, 불교의 빤디따(智者)들이 감히 논쟁에 나서지 못하고 있을 때, 그들 대부분의 몽중에 공통으로 다끼니 시와촉(妙寂) 여신이 나타나서 예언하길, '그대들이 감히 어떻게 외도의 도사들을 물리칠 수 있겠는가? 나의 큰 오라버니 도제퇴텡짼(金剛髑髏鬘)이 지금 유암한림(幽暗寒林)[51]에 주석하고 있다. 만약 그를 초빙하지 못하면 불법이 무너진다.'라고 말하자, 대답하길, '그곳은 가기가 험난해서 초청할 수 없다.'라고 하자, 다끼니가 말하길, '당신들이 법당의 옥상에다 광대한 공양물을 마련한 뒤 향과 음악 등을 연주하며, 큰 존경심을 가지고 한목소리로 이같이 기원토록 하라.'라고 한 뒤, 이 『칠구기원문』을 낭송하였다.

그와 같이 행하자 그 순간 구루 린뽀체께서 하늘로부터 도착한 뒤, 대학자 500명의 우두머리가 되어 500명의 외도의 도사들을 교리와 정리로 논파하였다. 다시 신통을 겨루게 되자, 사자면(獅子面) 다끼니가 옻칠한 상자를 구루 린뽀체에게 건넨 뒤 외도들을 항복하도록 분부하였다.

그와 같이 벼락을 때려서 흉악한 외도들을 전멸시키고, 나머지는 불교에 귀의시키자 이 기원문 역시 모두에게 널리 전파되었다."라고 하였으며, 또한, "구루 린뽀체께서 티베트에 들어와서 불법을 수립할 때, 행운의 선근자들인 군신이십오인(君臣二十五人)에게 전하였으며, 후대의 불자들을 생각해서

51) 두르퇴뮌빠짼(幽暗寒林)은 고인도의 팔대시림(八大尸林)의 하나로 서남방에 있었던 화장터의 이름이다.

은닉한 모든 비장법보에서 이 칠구기원문이 나오지 않음이 없는 것 같다."라고 하였다.

위와 같이 이 『연사금강칠구』는 구루 린뽀체의 깨달음의 정수가 응결된 기원문인 까닭에, 누구든지 견고한 믿음을 가지고 일심으로 염송하면 그 가피가 무량하다고 구루 린뽀체께서 직접 말씀하였으니, 치메·융둥링빠(ḥChi med gyuṅ druṅ gliṅ pa)의 『떼르죈』에서, "그와 같이 이 『연사금강칠구』의 묘음으로 단지 권청하는 것만으로 나 빠드마쌈바와(蓮華生)는 스스로 홀린 듯 강림하여 가피를 내린다. 대지혜의 관정을 베풀고, 삼근본(三根本)의 성중이 구름처럼 모여들고, 공통성취와 최승성취의 둘을 어김없이 베푼다.

실제와 마음과 꿈속에서 나와 만난다. 무지개와 광명이 서리고, 상서로운 향기 솟아나며, 미려한 곡조와 짱떼우(長腰鼓, 허리에 차는 허리가 긴 다마루)의 소리를 듣는다. 몸·말·뜻 삼문에 대가피를 내리며, 지력이 고양되어 휜둡퇴걀(任運頓超)의 깨달음이 발생한다. 사나운 팔부신귀(八部神鬼)들이 명령에 복종하고, 인연 있는 모든 이들에게 이익을 가지하는 힘을 얻으며, 빠르게 위드야다라(持明者)의 지위에 도달한 뒤, 나 빠드마쌈바와와 분리됨이 없는 하나가 된다."라고 설함과 같다.

3. 전승상사기원문(傳承上師祈願文)[52]

훔 흐리!
남김 없이 모든 유정의 구호자가 되어주옵소서!
사악한 마군의 부류들을 파괴하는 지존이시여!
모든 사물의 본성을 여실하게 꿰뚫어 보시는
세존과 성중은 이 도량에 오시길 기원하옵니다!

훔 흐리!
지나간 과거세 아득한 겁초(劫初)에
다끼니의 고향 오디야나의 서북방
다나꼬쌰 호수의 연꽃에서 태어나시고
희유한 최승의 실지(悉地)를 얻으시어
빠드마쌈바와로 알려지고 칭송받으며
다끼니 여신들이 권속으로 위요하시네!
당신을 따라 저 또한 수증(修證)하오니
신속히 강림하여 가피를 내려주옵소서!

52) 원문은 『라마귀빼쏠뎁슉쏘(Bla ma brgyud paḥi gsol ḥdebs bshugs so)』이며, 『도응악 쌍랍닝뽀(密呪寶典)』(中華敦都多傑佛學會, 2004, 臺灣)에서 발췌하였다.

구루 빼마 씻디 훔!

성스러운 도량 이곳에 가피를 내리시고
성취의 지존께선 제게 사관정을 주시고
마장과 사로(邪路)와 장애들을 진멸하고[53)]
최승과 공통의 성취를 제게 주시옵소서!

세존께서 이곳에 강림함은 상서로우니
저희가 복덕과 묘법의 행운을 갖추고
저희가 올리는 공양을 받으시고 또한
언제나 이곳에 머무시길 기원하옵니다!

이곳에서 존귀한 몸과 함께 더불어
유정의 이익을 위해 머무시고 또한
저희에게 무병과 장수와 자유자재와
모든 뛰어남을 주시길 청하옵니다![54)]

---

53) 사로(邪路, Log ḥdren)는 삿된 길로 인도하는 장애왕(障礙王)의 이름이며, 또는 비나야까(Vināyakā)로 부르는 상비천(象鼻天)의 이름이기도 하다.

54) 여기서 뛰어남은 티베트어 '촉(mChog)'의 번역으로 최고, 제일, 으뜸의 뜻이니, 예를 들면, "다문(多聞)이 모든 장엄 가운데 으뜸이고, 즐거운 마음이 모든 안락 가운데 으뜸이고, 보시가 모든 재물 가운데 으뜸이고, 속이지 않음이 모든 친구 가운데 으뜸이다."라고 함과 같다.

법신불 싸만따바드라와 금강살타와 가랍도제(極喜金剛)
와
쓰리씽하(吉祥師子)와 빼마까라(蓮師)와 군신이십오인(君
臣二十五人)과
쏘·예시왕축(智自在)과 쑤르뽀체(釋迦源)와 눕첸·상개예
시(佛智)와
냑·즈냐나꾸마라(智童)와 백 명의 복장대사 등의
까마(經典)와 복장법(伏藏法)의 전승상사들께 기원하옵
니다!

견줄 데 없는 정수리의 장엄인 까:담빠(善逝)와
보광지(普光地)에 머무시는 짱뙨제·도제걜챈(金剛幢)과
일체지자의 본신인 빨댄·잠빠붐(慈愛十萬)의
교법의 근원이신 세 전승상사들께 기원하옵니다!

원만한 교법의 주인이신 쏘남붐(福德十萬)과
생원의 밀의의 구경에 이르신 예시붐(智慧十萬)과
살활의 금행(禁行)을 성취하신 장춥빨(吉祥菩提)의
교법의 등불이신 세 전승상사들께 기원하옵니다!

바다 같은 삼보의 본색이신 까:톡빠(Ka: thog pa)와
담·짱·붐의 세 분과 수기를 받은 네 제자와
역대상사 열 세분과 근전상사(近傳上師) 열 세분 등과
성취자재의 목뙨(rMog ston)의 전승상사 열 세분 등과
교법전승의 마니주의 화만(花鬘)이신 그 전승상사들께
저는 지심으로 기원하오니 가피를 내려주옵소서!

마군과 외적들을 조복하신 대비와
강력한 위세가 금강수와 같으시고
삼세제불이 회집한 진실한 구호자인
뒤둘도제(降魔金剛)께 기원하옵니다!

삼세불 지비(智悲)의 연화생과 비말라미뜨라(無垢友)와
비밀보장의 길상결(吉祥結)의 문을 열치신 뒤
심오한 비밀의 이전구결을 법연자들에 펴신
롱쌜닝뽀(Kloṅ gsal sñiṅ po)께 기원하옵니다!

밀엄찰토의 법계궁전에 머무시는
삼세제불이 회집한 본질이시며
자심이 법신임을 곧게 가리키는

근본상사의 발아래 기원하옵니다!

4. 구루 린뽀체의 칠종기원문(蓮花生七種祈願文)[55)]

나모 구루! 병오년(丙午年, 766년) 호랑이 달(음력 12월)에 길상한 쌈얘(bSam yas) 사원에서 성대하게 공양을 올리는 회공법회(會供法會) 때, 아사리 구루 빠드마쌈바와(蓮花生)에게 비구 남캐닝뽀(Nam mkhaḥi sñiṅ po, 虛空藏)와 법왕 티쏭데우짼(Khri sroṅ ldeḥu btsan)과 다끼니 예시초걜(Ye śes mtsho rgyal, 智海王)과 나남·도제뒤좀(sNa nam rDo rje bdud ḥjoms, 金剛降魔)과 왕자 무티짼뽀(Mu khri btsan po) 다섯 명이 법을 간청하기 위해 마하구루에게 예배를 올리고 주위를 돌고 보석 만다라를 올린 뒤, 다음과 같이 청하였다.

"아, 대아사리시여! 모든 밀법의 가르침 가운데 서언을 지킴과 스승님께 기원하는 것을 핵심으로 설하심으로써, 범속한 저희에게 [믿음을 일으키고, 가피가 크고] 어리석은 저희가 언설의 구원을 청함으로써, 밀교의 본존들의 심원(心願)을 채워드리고, 당신의 가피가 일어나고, 아침저녁으로 기원을

55) 『A Great Treasure of Blessings』(RIGPA, 2016. India)와 『빼마까탕데응아(蓮花遺敎)』(四川民族出版社)의 둘을 함께 참고하여 뜻이 잘 통하는 쪽으로 번역하고, 보유하였다.

행함에 있어서 글은 짧고 뜻은 간결하고, 지금의 저희와 미래의 유정들을 위해 마하구루 당신께서 직접 설하신 기원문을 청하옵니다."

대아사리께서 말씀하셨다.

"귀 기울여 잘 듣도록 하십시오. 티베트의 법연 깊은 선근자들이여!
이 비밀진언의 금강승(金剛乘)이 출현하는 것은 희유한 일이니
과거 8억 4천만의 제불여래께서도 또한 일찍이 설하지 않았으며
과거불인 연등불께서 법륜을 굴리실 때도 밀교는 출현하지 않았으며
미래의 부처님들께서도 또한 설하지 않으시니
왜냐하면, 유정들이 밀교의 법기가 되지 못하기 때문이다.
과거 겁초(劫初) 때에 겁명(劫名)을 일체장엄(一切莊嚴)이라 부르는 때
현전왕(現前王)이라 부르는 부처님의 교법에 밀교가 크

게 성행하였으며
현재의 부처님이신 석가모니불의 교법에 밀교가 출현하였다.
그 뒤 천만 겁이 지난 후에 겁명(劫名)을 화장엄(花莊嚴)이라 부르는 때
문수불(文殊佛)이 출현하여 현재와 같은 모양의 시절이 도래할 때
그 부처님께서 바야흐로 진언밀교를 널리 설하게 되고
이 세 겁(劫)이 아닌 시절에는 결코 진언밀교는 출현하지 않는다.
그러므로 이 석가모니불의 교법의 시절에 사람의 몸을 얻었고
밀주(密呪)의 문에 들어온 이들은 게으름과 무료함의 힘에
떨어지지 않는 것이 매우 중요하다.

그 또한 밀주를 닦는 수행에는 필수사법(必需四法)을 갖춤이 필요하니,
그것을 갖추지 않으면 서언이 쇠퇴하는 것이 당연하고, 윤회에 유랑하는 것이

당연하고, 악도에 떨어지는 것이 당연하다. 왜냐하면, 삼세의 부처님들께서,

'번뇌를 자기의 마음에 행함으로써 붓다를 이루는 것이 어떻게 가능하겠는가?'

라고 설하였기 때문이다.

여기서 필수사법(必需四法)은 이와 같으니, 첫째는 몸·말·뜻 삼문(三門)이 범속함에 떨어지고 애착함을 강력하게 끊어버리는 가르침이 필수이다. 둘째는 번뇌의 오독(五毒)은 힘이 강력함으로써 오독이 자연해탈하는 가르침이 필수이다. 셋째는 번잡하고 산란의 힘에 떨어짐에는 희망과 의려를 장애로 인식하는 가르침이 필수이다. 넷째는 서언을 청정하게 지키는 데는 활시위를 당김과 같은 사부의 가르침이 필수이다.

그 또한 비밀진언승은 우담발라 꽃과 같아서 쉽게 출현하지 않으며, 설령 세상에 출현해도 오랫동안 머물지 않는다. 그것은 유정들이 밀교의 법기가 되지 못하기 때문이다. 법왕이 상수가 되는 그대들은 잘 듣도록 하라. 이 교법에서 가만(暇滿)의 사람 몸을 얻었고, 밀주의 문에 들어오고, 이생에서 보리를 얻고자 하는 이들은 근본과 지분의 서언을 지키는 것이 매우 중요하다. 그것을 지키지 않으면 의사가 의약에 노력

함으로써 자기를 파멸시키는 독과 만남과 같다. 서언을 지키는 데는 믿음과 반야와 정진의 셋을 갖추는 것이 필요하다. 믿음이 없다면 밀교의 법기가 되지 못하고, 정진이 없다면 게으름과 산란의 힘에 떨어지고, 반야가 없다면 밀주의 심오한 견행(見行)을 이해하지 못한다. 밀교는 믿음과 공경을 지닌 유정을 목적으로 출현한 것이니, 그 또한 자기에게 밀주를 설하는 그 스승을 붓다의 실제로 아는 기원을 이같이 행하라."

1) 삼신(三身)의 스승님께 올리는 기원문

에마호! 희론을 여읜 법계의 정토에서
삼세에 생멸이 없는 법성의 본지에서
일을 여읜 자연구족의 대락(大樂)의 몸
허공과 같이 대비가 편향이 없으신
법신의 스승님께 저희는 기원하옵니다!
오갠의 빠드마쌈바와께 기원하옵니다!

자연성취의 대락(大樂)의 정토에서
몸·말·뜻 그리고 공덕과 사업의
오성지(五聖智)를 지니신 선서의 몸
대비의 온갖 차별을 각각 나투시는
보신의 스승님께 저희는 기원하옵니다!
오갠의 빠드마쌈바와께 기원하옵니다!

우리의 사바세계의 청정한 정토에[56)]
대비로 유정의 이익을 위해 오신 뒤

---

56) 사바세계(娑婆世界)는 티베트어 미제직뗀(Mi mjed ḥjig rten)의 옮김이니, 사바(娑婆, Sahā)는 중생이 번뇌를 두려워하지 않고, 보살은 인욕의 힘이 구경에 달함으로써 감인토(堪忍土)라 한다.

막힘없는 방편으로 이타를 행하시는
과거와 미래와 현재의 삼세(三世)의
화신의 스승님께 저희는 기원하옵니다!
오갠의 빠드마쌈바와께 기원하옵니다!

법신불 싸만따바드라께 기원하옵니다!
보신불 오종성불께 기원하옵니다!
화신불 삼부의호존께 기원하옵니다!
재화신 가랍도제께 기원하옵니다!
아사리 잠뺄쎄녠께 기원하옵니다!
위드야다라 쓰리씽하께 기원하옵니다!
마하빤디따 비밀라미뜨라께 기원하옵니다!
보디싸뜨와 빠드마쌈바와께 기원하옵니다!

로짜와 바이로짜나께 기원하옵니다![57)]
법왕 티쏭데우짼께 기원하옵니다!
다끼니 예시초갤께 기원하옵니다!
비구 남캐닝뽀께 기원하옵니다!
나남·도제뒤좀께 기원하옵니다!

57) 로짜와 바이로짜나 등을 비롯한 여러 명은 『빼마까탕데응아(蓮花遺敎)』(四川民族出版社)
에서 발췌해서 보유하였다.

왕자 무티잰뽀께 기원하옵니다!
화신 쌍뽀닥빠(善稱)께 기원하옵니다!
릭진 응오듑걜챈(成就勝幢)께 기원하옵니다!

복장대사 릭진최왕(持明法自在)께 기원하옵니다!
꾼빵 된웨걜챈(不空勝幢)께 기원하옵니다!
귀진 쏘남촉쌍(福德賢)께 기원하옵니다!
듑첸 탕똥걜뽀(空野王)께 기원하옵니다!
보살 꾼가닝뽀(慶喜藏)께 기원하옵니다!
자땅 꾼촉걜챈(稀寶幢)께 기원하옵니다!
뺄댄 직메닥빠(無畏稱)께 기원하옵니다!
무비의 응오듑뺄댄(吉祥成就)께 기원하옵니다!

딘짼 꾼가쌍뽀께 기원하옵니다!
민규르 래토링빠께 기원하옵니다!
걜왕 린첸푼촉께 기원하옵니다!
뚤꾸 남카갸진께 기원하옵니다!
캐듑 동악땐진께 기원하옵니다!
릭진 틴래휜듑께 기원하옵니다!
최걜 떼르닥링빠께 기원하옵니다!

삼신의 전승상사께 기원하옵니다!

은혜로운 근본상사께 기원하옵니다!
팔대법행의 본존들께 기원하옵니다!
본모(本母)와 다끼니의 성중께 기원하옵니다!
호법신 에까자띠와 마하깔라의 형제자매께 기원하옵니다!
이생과 후생과 바르도의 셋에서 가지하옵소서!
윤회의 고해에서 구제해 주시길 기원하옵니다!
무생의 정수에 이르도록 가지하옵소서!
최승성취와 공통성취를 내려 주옵소서!
[스승님과 분리됨이 없도록 가지하옵소서!
옴 아 훔 바즈라 구루 빼마 씻디 훔!]

대아사리께서 말씀하시길, "[위와 같이 기원함으로써 스승님의 몸·말·뜻 삼륜(三輪)에서 백색과 적색과 청색의 세 광명이 발출된 뒤, 나의 몸·말·뜻 삼륜에 스며듦으로써 몸·말·뜻 셋의 성취를 얻는다고 사유한다.] 이와 같이 끊임없이 기원하라."라고 말씀하셨다.

2) 법왕 티쏭데우짼에게 주는 기원문

법왕 티쏭데우짼이 여쭈길, "아, 대아사리시여! 저와 미래의 믿음을 지닌 유정들을 위해 삼세의 선서들의 가피를 주시고, 이생에서의 장애를 없애고, 후생에서 마하무드라(大手印)의 최승성취를 얻으며, 아침저녁으로 기원하는 법을 청하옵니다."라고 하였다.

마하구루께서 말씀하시길, "대왕이시여, 잘 듣도록 하십시오."라고 하였다.

에마호! 경이롭고 사유를 초월한 불법에
극히 뛰어난 세 가지의 교법이 출현하고
석가모니 부처님의 사바의 정토 여기에
비밀진언의 금강승의 교법이 출현하였다.
보배로운 가르침에 저희는 기원하옵니다!
오갠의 빠드마쌈바와께 기원하옵니다!

밀엄찰토의 자연성취의 궁전에서

삼세의 선서들의 밀의에 의해서
마뜨람루드라가 분부를 어김으로
육도유정이 고통으로 신음함을 살피시는
경이로운 대비심에 저희는 기원하옵니다!
오갠의 빠드마쌈바와께 기원하옵니다!

금강수보살의 알라까와띠의 궁전에서
모든 여래께서 함께 상의하시고
식멸·증익·회유·주살의 네 업으로
삿된 마라의 교법을 제압하시니
삼세의 선서들께 저희는 기원하옵니다!
오갠의 빠드마쌈바와께 기원하옵니다!

말라야 산의 불타는 운철의 산정에서
악마 마뜨람루드라를 주살로 해체하고[58)]
나찰모와 그녀들의 무리와 교합하고
밀주의 가르침이 처음 그곳에 오니
뛰어난 교화대상에게 기원하옵니다!

---

58) 마뜨람루드라(Matraṁrūdra)의 몸을 해체함은 곧 심장과 팔과 다리 등으로 8등분으로 조각낸 것을 말한다. 이 루드라의 본생에 대한 전기는 『빼마까탕(蓮花遺敎)』의 「5장. 루드라본생기(本生記)」(사천민족출판사, 1993, China)를 참고 바람.

오갠의 빠드마쌈바와께 기원하옵니다!

밀엄찰토의 법계의 궁전에서
삼세에 생멸이 없으신 법신
제법의 청정이 본래 자연성취되고
제불의 마음에서 태어나신 부존
법신 싸만따바드라께 기원하옵니다!
오갠의 빠드마쌈바와께 기원하옵니다!

대락이 자연성취된 정토에서
우치가 청정한 법계체성지의 본성인
비로자나불의 쌈보카야(報身)의 몸
뛰어난 신부족의 권속이 에워싼
붓다부족의 성중께 기원하옵니다!
오갠의 빠드마쌈바와께 기원하옵니다!

동방의 극도로 환희로운 정토에서
성냄이 청정한 대원경지의 본성인
금강살타불의 쌈보카야(報身)의 몸
뛰어난 심부족의 권속이 에워싼

금강부족의 성중께 기원하옵니다!
오갠의 빠드마쌈바와께 기원하옵니다!

남방의 상서로운 아름다운 정토에서
교만이 청정한 평등성지의 본성인
보생여래의 쌈보카야(報身)의 몸
뛰어난 공덕부족의 권속이 에워싼
보생부족의 성중께 기원하옵니다!
오갠의 빠드마쌈바와께 기원하옵니다!

서방의 환희로운 극락의 정토에서
탐욕이 청정한 묘관찰지의 본성인
아미타불의 쌈보카야(報身)의 몸
뛰어난 어부족의 권속이 에워싼
연화부족의 성중께 기원하옵니다!
오갠의 빠드마쌈바와께 기원하옵니다!

북방의 정묘한 묘업세계의 정토에서
질투가 청정한 성소작지의 본성인
불공성취불의 쌈보카야(報身)의 몸

뛰어난 사업부족의 권속이 에워싼
까르마부족의 성중께 기원하옵니다!
오갠의 빠드마쌈바와께 기원하옵니다!

법계의 유희의 무량궁전에서
번뇌의 오독을 짓밟은 보좌 위에
분노존의 왕이신 체촉헤루까
오부족의 선서의 권속이 에워싼
싸만따바드라헤루까의 성중께 기원하옵니다!
오갠의 빠드마쌈바와께 기원하옵니다!

대비의 유희의 무량궁전에서
여성 악마를 짓밟은 보좌 위에
정등각의 왕이신 체촉헤루까
지혜로 이뤄진 본모의 권속이 에워싼
체촉헤루까의 성중께 기원하옵니다!
오갠의 빠드마쌈바와께 기원하옵니다!

검푸른 삼각형이 불타는 무량궁전에서
마뜨람루드라를 짓밟은 보좌 위에

마음의 체현이신 바즈라헤루까
선혈을 마시는 분노의 권속이 에워싼
빽첸헤루까의 성중께 기원하옵니다!
오갠의 빠드마쌈바와께 기원하옵니다!

검푸른 에Ⓔ로부터 분노의 무량궁전에서
염왕과 물소를 짓밟은 보좌 위에
만주쓰리 야만따까 씬제쎄(閻魔敵)
사나운 원적인 분노의 권속이 에워싼
야만따까의 성중께 기원하옵니다!
오갠의 빠드마쌈바와께 기원하옵니다!

타오르는 검붉은 삼각형의 무량궁전에서
남녀의 검은 마라를 짓밟은 보좌 위에
대력의 왕이신 빠드마헤루까
연화부족의 분노의 권속이 에워싼
대력의 마두명왕(馬頭明王)의 성중께 기원하옵니다!
오갠의 빠드마쌈바와께 기원하옵니다!

겁화(劫火)처럼 불타는 무량궁전에서

사나운 남자 마라를 짓밟은 보좌 위에
길상한 바즈라꾸마라(金剛童子) 대용사의 몸
갑옷을 걸친 열 명의 항마의 분노존이 에워싼
바즈라낄라야(金剛橛)의 성중께 기원하옵니다!
오갠의 빠드마쌈바와께 기원하옵니다!

대력의 연꽃이 충만한 무량궁전에서
탐착 없는 불타는 연꽃의 보좌 위에
지혜와 수명의 구호자 세존 무량수불
불사장수의 신들의 권속이 에워싼
금강장수의 성중께 기원하옵니다!
오갠의 빠드마쌈바와께 기원하옵니다!

위엄이 넘치는 시림의 무량궁전에서
드러누운 띠라(Tira)를 짓밟은 보좌 위에
대분노의 모존 바즈라바라히(金剛亥母)의 몸
본모(本母)와 다끼니의 권속이 에워싼
바즈라요기니의 성중께 기원하옵니다!
오갠의 빠드마쌈바와께 기원하옵니다!

인도의 보드가야 금강보좌의 궁전에서
인과의 진리로 유정의 이익을 행하고
삼장의 교법의 보당을 세우시고
성문과 보살의 권속이 에워싼
화신의 석가모니불께 기원하옵니다!
오갠의 빠드마쌈바와께 기원하옵니다!

오갠의 다나꼬쌰의 용왕의 궁전에서
대비력으로 유정의 이익을 위해 오시고
붓다의 밀의로 육도유정을 자연해탈케 하시고
오부족의 다끼니의 권속이 에워싼
화신의 가랍도제(極喜金剛)께 기원하옵니다!
오갠의 빠드마쌈바와께 기원하옵니다!

중국의 오대산의 무량궁전에서
붓다의 몸의 화신인 만주고샤
상하사방에서 몸으로 유정의 이익을 행하고
신부족(身部族)의 보살의 권속이 에워싼
문수보살의 성중께 기원하옵니다!
오갠의 빠드마쌈바와께 기원하옵니다!

대성지 보타낙가의 무량궁전에서
붓다의 말씀의 화신인 관자재보살
상하사방에서 말씀으로 유정의 이익을 행하고
어부족(語部族)의 보살의 권속이 에워싼
관자재보살의 성중께 기원하옵니다!
오갠의 빠드마쌈바와께 기원하옵니다!

대성지 알라까와띠(楊柳宮)의 무량궁전에서
붓다의 마음의 화신인 금강수보살
상하사방에서 마음으로 유정의 이익을 행하고
심부족(心部族)의 보살의 권속이 에워싼
금강수보살의 성중께 기원하옵니다!
오갠의 빠드마쌈바와께 기원하옵니다!

천상의 도리천의 선견성(善見城)에서
문수보살의 마음의 밀의로써
제석천의 세계에 밀법이 출현하여
십만의 무리가 다 함께 성불하니
천신의 위드야다라들께 기원하옵니다!
오갠의 빠드마쌈바와께 기원하옵니다!

지하의 깊숙한 바다의 용궁에서
관자재보살의 마음의 밀의로써
안지용왕의 세계에 밀법이 출현하여
십만의 무리가 다 함께 성불하니
용계의 위드야다라들께 기원하옵니다!
오갠의 빠드마쌈바와께 기원하옵니다!

산왕 수미산의 불타는 산정에서
금강수보살의 마음의 밀의로써
국왕 자(Dza)의 나라에 밀법이 출현하여
유업을 타고난 사부들이 정각을 이루니
인간의 위드야다라들께 기원하옵니다!
오갠의 빠드마쌈바와께 기원하옵니다!

서방의 오갠의 대력의 궁전에서
선서의 몸·말·뜻의 화신으로
남섬부주의 유정의 이익을 위해 오시고
위드야다라와 다끼니의 권속이 에워싼
빠드마쌈바와의 성중께 기원하옵니다!
오갠의 빠드마쌈바와께 기원하옵니다!

법신·보신·화신과 재화신과
과거와 미래와 현재의 삼세와
시방의 불보살과 위드야다라께
저희는 몸·말·뜻 셋의 공손함으로
두 마음의 의심이 없이 기원하옵니다!
오갠의 빠드마쌈바와께 기원하옵니다!

대아사리께서 말씀하시길, "아, 대왕이시여! 이생의 명리와 번잡함의 힘에 떨어짐이 없이 항상 쉼이 없이 기원하라. 밀주의 근본은 서언이며, 서언의 근본은 신해와 공경과 정진이고, 그 둘의 근본은 스승님과 본존께 기원하는 것임으로써, 정진자가 수행하면 이생에서 마하무드라의 실지를 성취하게 된다."라고 하셨다.

3) 다끼니 예시초걜에게 주는 기원문: 연화광전(蓮花光殿)의 유희[59)]

그 뒤 칸도마(空行母) 예시초걜(智海王)이 다음과 같이 아뢰었다.

"아, 대아사리 구루 빠드마쌈바와(蓮花生)시여! 무릇 석가세존의 교법 가운데 대승의 비밀진언이 출현함으로써 모든 유정이 크나큰 은혜를 입었습니다. 비밀진언의 모든 본존(本尊)의 신밀(身密)의 본성인 도제퇴탱짿(rDo rje thod phreṅ rtsal, 金剛髑髏鬘力)께서 말씀의 수레(語乘)의 진언으로 중생들을 인도하였으며, 마음의 심오한 밀의(密意)가 하늘에 태양이 솟아오름과 같음을 지닌 모든 선서(善逝)가 한 몸에 모이신 구루 빠드마쌈바와보다 더 뛰어난 붓다를 나 예시초걜은 어디에서 찾을지라도 얻지 못함을 아옵니다. 저에게 글은 짧고 의미는 간결하고 심오하며, 가피가 광대해서 구루 린뽀체 당신께 기원하는 것만으로 하늘의 구름처럼 솟아오르는, 저 같은 범속한 자들이 티베트 땅에서 기원을 드림으로써, 구루께서 다시 오디야나에서 가신 적동산(赤銅山)의 다끼니의 정토에서 직접

59) '연화광전(蓮花光殿)의 유희'는 저자가 임으로 붙인 이름이다.

티베트의 신실한 자들의 처소로 찾아오셔서, 친히 가피를 베푸시는 영험한 기원문 하나를 청하옵니다."

대아사리께서 말씀하셨다.

"잘 듣도록 하라. 예시초걜이여! 삼계의 모든 중생이 오독(五毒)의 번뇌의 힘으로 분별이 치성하고, 언설이 장황하고, 외경과 내심을 가르는 이원의 분별로 [자아를 집착함으로써] 착란하고 전도한다. 나는 모든 법신불이 가지하시고, 모든 보신여래가 관정을 하시고, 모든 화신의 불보살들이 의론한 결과로 남섬부주에 강림하였다. 특별히 어둠의 땅 티베트에 불법을 현양하고, 비밀진언의 과승(果乘)의 묘법으로 중생들을 인도하기 위하여, 보배로운 해도(海島)의 연꽃 속에 화신불의 상징으로 자생하였다. 그러므로 사람으로 선근을 타고난 믿음을 갖춘 자들이 나에게 극진한 마음으로 기원하면, 인과연기의 특별한 서원으로 여타의 부처님에 비하여 나의 대비가 더 신속히 감응한다. 예시초걜은 큰 신해(信解)로 언제나 기원토록 하라."고 말씀하신 뒤, 고개를 돌려 서남쪽을 바라보았다. 해골의 법구들과 보석으로 만든 갖가지의 장신구들로 몸을 장엄하신 채, 오른손으로는 해골 다마루(手鼓)를 울리고,

왼손을 예시초걜의 머리 위에 얹은 뒤 다음과 같이 노래하였다.”

에 마 호!
저편 하늘 태양이 떠 있는 서남쪽의
마가다의 성지 금강보좌의 서북방에
식인의 나찰의 땅 응아얍이 있으며
삼세의 부처님들이 차례로 가지하신
최상의 성지 응아얍에 기원하옵니다!
오갠의 빠드마쌈바와께 기원하옵니다!

훔! 과거의 겁초(劫初) 지나간 시절에
[붓다의 분부를 어기고 사법을 펴다]
조각난 마뜨람루드라의 여덟 지체를
밀법이 출현하는 팔대성지로 가지하니
심장이 오디야나에 떨어짐으로 비롯된
최상의 성지 응아얍에 기원하옵니다!
오갠의 빠드마쌈바와께 기원하옵니다!

도제팍모(金剛亥母)가 축복한 성소

모든 마따라와 다끼니가 모이는 땅
밀주의 상징 소리가 띠리리 울리고
이곳에 오는 것만으로 보리를 얻는
최상의 성지 응아얍에 기원하옵니다!
오갠의 빠드마쌈바와께 기원하옵니다!

심장 모양과 같은 상서로운 적동산
산뿌리는 안지용왕의 궁전에 닿고[60)]
수려한 산허리는 다끼니의 장엄한 거처
산정이 범천의 하늘을 찌르듯이 높은
최상의 영산 적동산에 기원하옵니다!
오갠의 빠드마쌈바와께 기원하옵니다!

거룩한 적동산정은 광명이 타오르고
동쪽산면은 백수정에 남면은 황유리
서쪽산면은 홍영석에 북면은 녹보석
안팎이 차별 없는 투명한 무량궁전
최상의 궁전 연화광전에 기원하옵니다!
오갠의 빠드마쌈바와께 기원하옵니다!

60) 안지용왕(安止龍王)은 한역으로 덕차가(德叉迦)용왕이며 불법을 수호하는 8대용왕 가운데 하나이다.

광대한 연화광전의 사방과 간방과
위 아래 모두가 보석으로 건립되고
복도와 모서리 난간과 방옥들 또한
사업의 사색(四色)으로 각각 빛나는[61)]
자연성취의 무량궁전에 기원하옵니다!
오갠의 빠드마쌈바와께 기원하옵니다!

오보(五寶)로 만든 담장과 공양대와[62)]
영락과 반영락과 추녀들이 반짝이고
사문과 하마대와 법륜과 장식물들이[63)]
모두 온갖 보석으로 아름답게 꾸며진
진귀한 보석 무량궁전에 기원하옵니다!
오갠의 빠드마쌈바와께 기원하옵니다!

여의수와 감로샘과 오색 무지개가
무량궁전 안팎에 구름처럼 서리고

61) 사색(四色)은 식업(息業)·증업(增業)·회업(懷業)·주업(誅業)을 각각 표시하는 흰색과 황색과 적색과 녹색을 말한다.

62) 오보(五寶)는 금·은·산호·진주·터기석의 5가지 보석이다.

63) 사문(四門)은 무량궁전의 사방에 나 있는 성문을 말하며, 하마대(下馬臺)는 말에서 내리는 기단을 말한다.

연꽃 빛살이 허공을 가득히 채우니
이곳에 오는 것만으로 보리를 얻는[64)]
연화광의 무량궁전에 기원하옵니다!
오갠의 빠드마쌈바와께 기원하옵니다!

광대한 무량궁전의 가운데 마련된
팔각의 보좌 위 일월의 자리 위에
더러움을 여읜 한 줄기 연꽃 위에
제불이 회집한 연화금강이 계시니
희유한 자생의 붓다께 기원하옵니다!
오갠의 빠드마쌈바와께 기원하옵니다!

식·증·회·주의 사업을 행하는 탓에[65)]
몸빛과 지물과 장식물 등이 바뀌어도
천 개의 태양보다 위광이 혁혁하고
산들의 왕 수미산보다 위엄이 높으신
놀라운 자생의 붓다께 기원하옵니다!

64) 다른 판본에는 "그곳을 생각하는 것만으로 보리를 얻는다."라고 하였다.

65) 식·증·회·주 사업(四業)는 곧 식멸(熄滅)과 증익(增益)과 회유(懷柔)와 주살(誅殺)의 넷으로 유정의 이익을 행하길 고려하는 까닭에 그때마다 그것에 맞는 몸빛과 지물(持物) 등을 바꿔서 지니게 된다.

오갠의 빠드마쌈바와께 기원하옵니다!

마음으로 분신을 세상에 가득히 나투고
두 눈은 일월처럼 선회하며 살피시고
대비의 사업은 번개보다 신속하시며
그윽한 심의가 허공처럼 깊고 넓으신
최상의 대비의 지존께 기원하옵니다!
오갠의 빠드마쌈바와께 기원하옵니다!

자비의 방편으로 유정을 이롭게 하시고
아름다운 미소의 존안은 야랄라 빛나고
미려한 음성은 일천의 우레처럼 울리고
밀주의 상징 소리를 띠리리 발출하시는
범음성을 지니신 당신께 기원하옵니다!
오갠의 빠드마쌈바와께 기원하옵니다!

대화신이 사방팔방에서 마군들을
짓밟으며 보좌 위에 서서 계시는
신·구·의·공덕·사업의 오종성불의
화현으로 마군을 제복하는 분노존인

팔대법행의 본존들께 기원하옵니다![66)]
오갠의 빠드마쌈바와께 기원하옵니다!

사방의 사엽연화(四葉蓮花)의 보좌 위에
사부족의 차사들과 다끼니들 모두가
시림의 장엄구와 갖가지 장신구들을
아름답게 걸치고 유희의 자태로 계시는
지혜공행의 부모양존께 기원하옵니다!
오갠의 빠드마쌈바와께 기원하옵니다!

무량궁전 안의 사방의 중간회랑과
사우와 문간에는 지명과 공행들이
가득하고 남녀 천신들이 운집하여
내외와 비밀의 삼종공양을 올리는
본모와 다끼니의 성중께 기원하옵니다![67)]
오갠의 빠드마쌈바와께 기원하옵니다!

66) 팔대법행(八大法行)의 본존은 닝마빠(舊密)의 생기차제에서 닦는 8명의 중요한 본존들이다. 묘길상신(妙吉祥身)·연화어(蓮花語)·진실의(眞實意)·감로공덕(甘露功德)·금강궐사업(金剛橛事業)의 다섯 출세간의 본존과 소견비인(召遣非人)·맹주저이(猛呪詛詈)·공찬세신(供饌世神)의 세 분의 세간의 본존을 말한다.

67) 본모(本母)는 범어 마따라(Mātaraḥ)와 티베트어 마모(Ma mo)의 번역이며, 시림의 여덟 장소에 거주하는 이들 여신들은 청정한 안식(眼識)을 비롯한 8가지 청정한 알음이(八識)들을 상징한다.

보석의 무량궁전의 공양 제단에는
공양천녀들이 비구름처럼 몰려들어
세간을 가득히 채우는 여섯 공물과
보현운공으로 제불여래를 공양하는
공덕집성의 성중께 기원하옵니다![68]
오갠의 빠드마쌈바와께 기원하옵니다!

광대한 무량궁전의 사방의 사문에서
사천왕이 흠봉대신의 임무를 수행해
팔부신중을 차사와 군사로 파견하여
마군과 외도들을 파괴하고 제복하는
호법과 수호신중들께 기원하옵니다!
오갠의 빠드마쌈바와께 기원하옵니다!

훔을 외치소서! 연화생과 다끼니시여!
호념하소서! 시방삼세의 제불여래시여!
강림하소서! 지명과 공행의 정토에서
거룩한 빼마퇴텡짹(蓮花髑髏鬘力)이시여!

68) 공덕집성(功德集成, Yon tan kun ḥbyuṅ)은 모든 공덕을 산출하는 의미이다.

긴 머리채의 미려한 상투가 살랑살랑
화려한 보석 장신구가 달그랑 달그랑
시림의 해골 장식물이 댕그랑 댕그랑

노랫가락과 온갖 악기소리가 쿵작쿵작
본존과 성중의 훔 자 소리가 쩌렁쩌렁
오부족 다끼니들의 춤사위가 낭창낭창

용사와 차사들의 발춤이 쿵덕덕쿵덕덕
본모와 다끼니들이 구름처럼 빼곡빼곡
호법과 팔부신중의 발걸음이 휙휙휙휙

천개의 갑주가 스치는 소리가 철컥철컥
오른편엔 남신들의 무리가 우르르 휙휙
왼편에는 여신들의 무리가 오르르 휙휙

허공에는 오색 깃발과 일산이 펄럭펄럭
사방에는 싱그러운 향 연기가 뭉클뭉클
공행모의 비밀스런 상징 소리가 재잘재잘

용사와 차사들의 모연노래가 흥얼흥얼
훔의 현현의 노랫소리가 우르렁우르렁[69]
팻의 두려운 진언성이 쩌렁쩌렁 울린다.

저와 육도의 모든 중생을 대자대비로
굽어살피시고 지금 여기로 강림하소서!
저희를 호념하여 여기에 오신 뒤에도
저희 모두가 무상보리를 이룰 때까지
마장과 사로와 장애를 없애 주시옵고
공통과 최승성취를 내려 주시옵소서!
윤회의 고해에서 구제하여 주시옵소서!

구루 린뽀체께서, "예시초걜이여! 이같이 깊은 신해의 마음으로 기원하라, 나 구루 빠드마쌈바와는 중생을 구제하는 일밖엔 다른 일이 없다. 숙세의 서원의 힘으로 티베트 땅에 왔으며, 믿음을 갖춘 자들에겐 나의 모습을 실제로 나타내 보인다."라고 말씀하셨다.

69) '현현의 노랫소리'는 티베트어 '낭루(sNaṅ glu)'의 번역으로 '모든 현현이 남녀의 본존의 모습으로 빛남'을 뜻하는 것이 아닌가 생각한다.

또 말씀하시길, "나에게 기원을 하는 데는 먼저 구루의 전기를 말해서 정결한 믿음을 일으키고, 공덕을 봄으로써 견고한 믿음이 일어나고, 마지막에 결정적 확신을 얻고, 구루에게 믿음을 받침으로써 무한한 가피를 또한 얻게 된다. 그래서 일호의 의심도 없이 심원을 성취한다."라고 하셨다.

4) 비구 남카닝뽀(虛空藏)에게 주는 기원문

그 뒤 비구 남카닝뽀(Nam mkhaḥ sñiṅ po, 虛空藏)가 여쭙길, “아, 대아사리시여! 제가 전승상사들께 올리는 기원문 하나를 청하오니. 모든 현상이 남녀의 본존들의 모습으로 현현하고, 모든 소리가 본존들의 음성으로 들리고, 어떤 분별이 일어나도 모두 법성으로 해탈하는 기원문을 설하여 주옵소서!” 라고 청하자, 대아사리께서 다음과 같이 설하였다.

에마호!
무희론의 대락의 본초불 싸만따바드라
오종성불과 제6불 바즈라다라(持金剛佛)
육도중생의 이익을 행하시는 보살의 몸
법신과 보신과 화신의 삼신불(三身佛)
붓다의 밀의전승(密意傳承)에 기원하옵니다!
오갠의 빠드마쌈바와께 기원하옵니다!

천신 닥댄촉꽁(稱勝護)과 야차 까르다동(流星面)[70]

70) 닥댄촉꽁(Grags ldan mchog skyoṅ, 稱勝護)은 범어 야쌰쓰비와라빨라(Yaśasvi varapāla)이며, 야차(夜叉) 까르다동(sKar mdaḥ gdoṅ, 流星面)은 범어 울까무카(Ulkāmukha)이며 밀법을 전해 받았다.

나찰 로대탑댄(智方便)과 안지용왕(安止龍王)[71)]
인간의 지명자 리짜비 비말라끼르띠(無垢稱)
선근의 국왕 자(Dza)와 제석천왕 등의[72)]
위드야다라의 각성의 전승상사께 기원하옵니다!
오갠의 빠드마쌈바와께 기원하옵니다!

법신의 싸만따바드라의 밀의로
금강살타와 가랍도제(極喜金剛)와
쓰리씽하(吉祥獅子)까지의 가지전승인
과거와 미래와 현재의 삼세의
족첸(大圓滿)의 전승상사께 기원하옵니다!
오갠의 빠드마쌈바와께 기원하옵니다!

법신의 부처님의 밀의로
오종성불과 삼부의 의호자와
붓다구햐(佛密)까지의 가지전승인
과거와 미래와 현재의 삼세의

71) 나찰(羅刹) 로대탑댄(Blo gros thabs ldan, 智方便)은 범어 마따우빠이까(Matya)이며, 안지용왕(安止龍王)과 함께 밀법을 전해 받았다.

72) 리짜비(Liccavi) 비말라끼르띠(Vimalakīrti, 無垢稱)과 선근의 국왕 자(Dza)는 인간의 지명자(持明者)로 밀법을 전해 받았다.

규툴(大幻網)의 전승상사께 기원하옵니다!
오갠의 빠드마쌈바와께 기원하옵니다!

문수야만따까(文殊閻魔敵)의 밀의로
대아사리 잠뺄쎼낸(文殊友)과
웨딸라쑤카(尸起樂)까지의 가지전승인
과거와 미래와 현재의 삼세의
신부족의 전승상사께 기원하옵니다!
오갠의 빠드마쌈바와께 기원하옵니다!

빠드마헤루까(蓮花飮血佛)의 밀의로
인드라데비(帝釋天母)와 나가르주나(龍樹)와
빠드마쌈바와까지의 가지전승인
과거와 미래와 현재의 삼세의
어부족의 전승상사께 기원하옵니다!
오갠의 빠드마쌈바와께 기원하옵니다!

바즈라헤루까(金剛飮血佛)의 밀의로
가랍도제와 잠뺄쎼낸(文殊友)과
훔첸까라(Huṁchenkara)까지의 가지전승인

과거와 미래와 현재의 삼세의
심부족의 전승상사께 기원하옵니다!
오갠의 빠드마쌈바와께 기원하옵니다!

체촉헤루까(最勝飮血佛)의 밀의로
무수한 화신의 다끼니와 위드야다라와
민규르남카(不變虛空)까지의 가지전승인
과거와 미래와 현재의 삼세의
공덕부족의 전승상사께 기원하옵니다!
오갠의 빠드마쌈바와께 기원하옵니다!

바즈라꾸마라(金剛童子)의 밀의로
자연성취의 마하무드라의 위드야다라와
도제퇴탱짤(金剛髑髏鬘力)까지의 가지전승인
과거와 미래와 현재의 삼세의
사업부족의 전승상사께 기원하옵니다!
오갠의 빠드마쌈바와께 기원하옵니다!

정등각왕 체촉헤루까의 밀의로
모속(母續)의 용퀴데마(Yoṅs ḥkhyud bde ma, 抱擁樂母)와

다나쌈쓰끄리(Dhsaṁskṛita, 財善爲)까지의 가지전승인
과거와 미래와 현재의 삼세의
삼유의 모속의 전승상사께 기원하옵니다!
오갠의 빠드마쌈바와께 기원하옵니다!

일체흉악조복세존(一切凶惡調伏世尊)의 밀의로
롬부구햐짠드라(Rombuguhyacandra)의 마음을 거쳐
쌰꺄쎙게(釋迦獅子)까지의 가지전승인
과거와 미래와 현재의 삼세의
예찬공양의 전승상사께 기원하옵니다!
오갠의 빠드마쌈바와께 기원하옵니다!

뺄첸똡댄낙뽀(dPal chen stobs ldan nag po, 吉祥大黑力)의
밀의로
아사리 쌴띠가르바(Śāntigarbha, 寂靜藏)의 마음을 거쳐
도제돌뢰쨀(rDo rje gro lod rtsal)까지의 가지전승인
과거와 미래와 현재의 삼세의
위맹주(威猛呪)의 전승상사께 기원하옵니다!
오갠의 빠드마쌈바와께 기원하옵니다!

구호자 무량수불의 밀의로
짠달리(Caṇḍāli) 여신의 마음을 거쳐
불사의 빠드마쌈바와까지의 가지전승인
과거와 미래와 현재의 삼세의
수명자재지명의 전승상사께 기원하옵니다!
오갠의 빠드마쌈바와께 기원하옵니다!

도제팍모(rDo rje phag mo, 金剛亥母)의 밀의로
다끼니 쎙동마(Seṅ gdoṅ ma, 獅面母)의 마음을 거쳐
도제닥뽀짤(rDo rje drag po rtsal, 金剛勇武)까지의 가지전
승인
과거와 미래와 현재의 삼세의
밀주의 모속의 전승상사께 기원하옵니다!
오갠의 빠드마쌈바와께 기원하옵니다!

바즈라헤루까(金剛飮血佛)의 밀의로
화신 빠드마쌈바와의 마음을 거쳐
남섬부주와 티베트의 선근자까지의 가지전승인
과거와 미래와 현재의 삼세의
밀주집속(密呪集續)의 전승상사께 기원하옵니다!

오갠의 빠드마쌈바와께 기원하옵니다!

과거의 부처님들의 밀의로
석가모니불의 마음을 거쳐
쌴따락시따(寂護)까지의 가지전승인
과거와 미래와 현재의 삼세의
인과법을 설하신 전승상사께 기원하옵니다!
오갠의 빠드마쌈바와께 기원하옵니다!

위드야다라와 보리살타의 밀의로
선근을 갖춘 사부들을 가지하시니
지금부터 오오백세의 마지막까지
밀주의 가르침대로 수행하는 서언자인
깡싹낸귀(人間耳傳)의 전승상사께 기원하옵니다!
오갠의 빠드마쌈바와께 기원하옵니다!

이와 같이 눈의 대경으로 현현한
내외와 유정과 무정세계의 제법은
현현해도 실집(實執)이 없는 상태에 놓아두니
심경(心境)이 청정한 명공(明空)의 본존의 색신

탐욕이 자연해탈한 전승상사께 기원하옵니다!
오갠의 빠드마쌈바와께 기원하옵니다!

이와 같이 귀의 대경으로 들리는
좋고 나쁨을 집착하는 모든 소리는
들음이 공하여 사념을 여읜 상태에 두니[73)]
들음이 공하여 생멸이 없는 붓다의 말씀
문공일여의 붓다의 말씀에 기원하옵니다!
오갠의 빠드마쌈바와께 기원하옵니다!

이와 같이 뜻의 대경으로 움직이는
오독의 번뇌의 어떤 분별이 일어나도
맞이하고 추적하는 마음으로 다스리지 않으니
움직임을 본지에 놓아둠으로 법신으로 해탈하니
각성이 자연해탈한 상사께 기원하옵니다!
오갠의 빠드마쌈바와께 기원하옵니다!

바깥처럼 인식하는 외경은 청정하고

---

73) 들음이 공함은 문공(聞空)이니, 티베트어 닥똥(Grag stoṅ)의 번역으로 귀로 들은 소리와 소리는 자성이 없어 공성과 소리가 둘이 아닌 문공일여(聞空一如)를 말한다.

안처럼 인식하는 내심은 해탈하고
중간에 정광명을 본래면목으로 알아
삼세의 선서(善逝)들의 대비로
저같은 유정의 마음이 해탈하도록 가지하옵소서!

"이같이 항상 쉼이 없이 기원토록 하라. 남카닝뽀(虛空藏)여! 각성의 성채(城寨, bTsan sa)를 굳게 잡으라. 나 빠드마쌈바와와 분리됨이 없이 대락의 세계로 오라."고 말씀하셨다.

5) 진언사 나남·도제뒤좀(金剛降魔)에게 주는 기원문

진언사 나남·도제뒤좀(sNa nam rDo rje bdud ḥjoms, 金剛降魔)이 여쭙되, "아, 대아사리 구루 빠드마쌈바와(蓮花生)시여! 제불여래가 회집하신 몸이며, 제불여래가 회집하신 말씀이며, 제불여래가 회집하신 마음이며, 제불여래가 회집하신 대비의 자존, 화신의 붓다이신 빠드마쌈바와님, 당신보다 더 뛰어난 존재는 세상 어디에도 없습니다. 저와 미래의 중생들의 이익을 위해 당신의 위대한 행적에 정결한 믿음을 일으키고, 불변의 확신과 존경심을 낳게 하는 지고한 가피가 깃들은 기원문 하나를 저에게 설하여 주소서!"라고 간청하였다.

대아사리께서 말씀하시되, "잘 듣도록 하라. 비밀진언을 닦는 유가행자여! 나의 전기는 광대무변하여 가히 사의하지 못하고, 가히 논설하지 못한다. 하지만 남섬부주의 티베트 땅에서 내가 행한 중생교화의 자취를 조금 설하고자 하니, 공손히 듣도록 하라. 날마다 끊임없이 기원토록 하라."고 말씀하셨다. 싸마타!

에 마 호!
인도 서남방의 나찰의 땅 응아얍(拂洲)
힌두바다의 물결이 출렁이는 작은 섬
안지용왕이 유희하는 궁전의 위쪽에서
눈부신 광명의 연꽃 위에서 태어나신
희유한 자생의 화신불께 기원하옵니다!
오갠의 빠드마쌈바와께 기원하옵니다!

부모도 없이 스스로 태어난 화신의 동자
인(因)도 연(緣)도 없이 바다에서 태어나
무명에 전도된 중생들을 인도하는 성자
붓다의 몸·말·뜻 삼밀(三密)의 화현이신
화신의 연화금강존자께 기원하옵니다!
오갠의 빠드마쌈바와께 기원하옵니다!

행운의 선근자인 인드라부띠 법왕이
바다 가운데 맞이해 물으로 나오고
믿음으로 영접하고 왕위를 물려주니
불법으로 나라를 태평하게 다스리신
걜뽀토르쪽(寶髻王)께 기원하옵니다!

오갠의 빠드마쌈바와께 기원하옵니다!

남쪽 마가다의 청량시림 화장터에서
왕위를 버리고 힘든 난행을 닦을 때
아사리 따나가나의 상합해탈의 밀의로
본모(本母)와 다끼니 모두를 귀복시킨
쌴따락시따(寂護)께 기원하옵니다![74]
오갠의 빠드마쌈바와께 기원하옵니다!

사방의 모든 시림에서 난행을 닦고
지혜의 다끼니들이 가피를 주시고
도제팍모의 존안을 뵙고 성취를 얻어
모든 일월성신을 종으로 부리시는
도제닥뽀잴(金剛勇武)께 기원하옵니다!
오갠의 빠드마쌈바와께 기원하옵니다!

붉은 바위산의 금시조 동굴에 계시는
아사리 쁘라바하쓰띠의 회상에 가서
요가의 밀법을 배우고 통달하신 뒤

74) 여기서 쌴따락시따(寂護)는 평화를 수호하는 자의 뜻으로 빠드마쌈바와의 별명이다.

요가의 본존들의 존안을 친견하신
싸꺄쎙게(釋迦獅子)께 기원하옵니다!
오갠의 빠드마쌈바와께 기원하옵니다!

인도의 사방 큰 성지에 주석하시는
수많은 지명자와 성취자의 면전에서
삼종유가의 밀법을 배우고 수행하여[75]
법상(法相)의 인연법의 증익을 끊으신[76]
대학자 로댄촉쎄(愛慧)께 기원하옵니다!
오갠의 빠드마쌈바와께 기원하옵니다!

네팔 할라센의 마라띠까 동굴에서
불사의 수명자재지명을 닦으실 때
무량수불이 불사의 감로를 가지하여
생사가 없는 금강불괴신을 얻으신
불사의 빠드마쌈바와께 기원하옵니다!
오갠의 빠드마쌈바와께 기원하옵니다!

75) 삼종유가(三種瑜伽)는 3가지의 내면유가인 마하요가와 아누요가와 아띠요가를 말한다.

76) 법상(法相)은 제법(諸法)의 성상(性相)을 규명하는 현교의 가르침을 말한다.

싸호르 왕국을 교화하려고 가셨을 때
무명의 전도중생을 불법에 안치하고
경이로운 신통과 기적을 현시해서
나라 전체를 정법으로 가득 채우신
대화신 빠드마쌈바와께 기원하옵니다!
오갠의 빠드마쌈바와께 기원하옵니다!

고향땅 오갠을 교화하려고 가셨을 때
살수에게 붙잡혀 화형을 당하실 때
화염이 호수로 변하는 신통을 나투어
인드라부띠 법왕을 보리도에 안치하신
왕자 빼마걀뽀(蓮花王)께 기원하옵니다!
오갠의 빠드마쌈바와께 기원하옵니다!

색구경천과 대락(大樂)의 시림(尸林)과
천성적(天成積)과 연적(蓮積)의 시림 등과
무량궁전 밖의 자생탑에 머무실 때
본모와 다끼니와 호법들이 에워싸신
구루 니마외쎄르(日光)께 기원하옵니다!
오갠의 빠드마쌈바와께 기원하옵니다!

남쪽의 마가다의 땅으로 유행하실 때
다끼니 뒤될마(降魔母)의 가피를 입어
오백의 외도들과 논쟁해서 물리치고
외도의 삿된 주술을 번개로 파괴하신
쎙게다독(獅子吼)께 기원하옵니다!
오갠의 빠드마쌈바와께 기원하옵니다!

네팔의 파핑 땅 양라쉬의 동굴에서
청정한 여래장(如來藏)을 닦으실 때
마라와 장애들을 금강궐로 물리치고
마하무드라의 성취를 거기서 얻으신
도제퇴텡짤(金剛髑髏鬘力)께 기원하옵니다!
오갠의 빠드마쌈바와께 기원하옵니다!

북쪽의 티베트왕의 뜻을 위해 가실 때
티베트 흉신들의 호법서약을 받으시고
쌈얘를 건립하여 왕의 뜻을 이루시고
티베트 전역을 불법으로 가득 채우신
화신불 빠드마쌈바와께 기원하옵니다!
오갠의 빠드마쌈바와께 기원하옵니다!

쌈애의 침푸의 붉은 바위 암자에서
팔대법행의 비밀만다라를 현시하여
선근의 군신이십오인을 성숙시키고
밀교의 과승(果乘)을 크게 현양하신
불가사의의 대은인께 기원하옵니다!
오갠의 빠드마쌈바와께 기원하옵니다!

딱창(sTag tshaṅ) 쎙게쌈둡 동굴에서
외도와 흉신과 귀졸들을 제복하시고
성지와 암벽에다 복장물을 은닉하여
탁세의 미래중생을 대비로 살피시는
구루 도제돌뢰쨀께 기원하옵니다!
오갠의 빠드마쌈바와께 기원하옵니다!

티베트의 사대 설산에 암자를 세우고
팔대 동굴에서 은둔하여 수행하시고
사방의 바위에다 발자국을 남기시고
유명한 네 호수에 손자국을 남기신[77)]
중생의 죄장의 소멸자께 기원하옵니다!

---

77) 이렇게 성지마다 손자국 등을 남겨놓은 것은 후세의 육도중생의 수행의 장애와 죄업을 소멸하기 위한 방편이다.

오갠의 빠드마쌈바와께 기원하옵니다!

남쪽 뢴카의 바위에 몸자국을 남기고
티베트를 위해 구루의 존상 25개를
남기시고 불법이 상주하길 기원하신
티베트의 유일신 중생의 지존이신
뛰어난 대비자 연화생께 기원하옵니다!
오갠의 빠드마쌈바와께 기원하옵니다!

서남쪽 응아얍의 적동산의 무량궁에서
무수한 지명자와 다끼니의 왕이 되고
흉악한 나찰들의 호법서약을 받으시고
티베트를 영원토록 대비로 살피시는
은혜의 화신 연화생께 기원하옵니다!
오갠의 빠드마쌈바와께 기원하옵니다!

후오백세 끝의 티베트의 유정들은
악업의 영향으로 고통이 무진하니
구루의 전기를 기억하고 기원하라.
나와 육도세계의 유정들을 모두다

대비로 살피시고 가지하여 주옵소서!
오갠의 빠드마쌈바와께 기원하옵니다!

마하구루께서 말씀하시길, "나남·도제뒤좀 등과 그대들은 공경히 경청하라! 나의 행적을 기억하고 기원토록 하라. 이생에서는 나 빠드마쌈바와의 가피를 입고, 후생에서는 보리의 길에 반드시 오른다."라고 하셨다.

6) 왕자 무띠짼뽀에게 주는 기원문

그 뒤 왕자 무티짼뽀(Mu khri btsan po)가 여쭙길, "아, 대아사리시여! 미래에 오탁악세에 이를 때, 모든 유정이 악업의 힘으로 오직 고통만을 누린다고 설하였습니다. 그들을 대비로 살피시고 고통에서 건질 수 있는 기원문 하나를 청하옵니다."라고 아뢰었다.

대아사리께서 말씀하시되, "잘 경청하라, 무티짼뽀여! 찌고 끓이지 않고서는 자경(紫梗)의 물감을 취하지 못하듯이, 믿음의 복전이 없으면 보리의 싹이 생기지 않는다. 일편단심의 믿음을 일으킴이 없이는 삼보의 가피는 멀고 멀다. 잘 경청하라, 무티짼뽀여! 불보살님들께서 유정의 이익을 쉼이 없이 행하나, 육도의 중생들은 오독의 아집의 힘이 강력함으로써 윤회의 불구덩이에서 벗어나지 못한다. 무띠짼뽀여! 그대가 미래의 티베트의 백성들을 고통에서 구호하길 원하면, '일편단심의 믿음을 견고하게 가지고, 오로지 마음을 삼보에 쏟도록 하라.'고 백성들에게 유언을 남겨라."라고 하셨다.

에 마 호!
서방의 극락세계의 정토에서
구호자 무량수불의 대비로서
사바의 유정의 이익을 사유하고
시방의 모든 붓다께서 가지하신
삼세의 선서들께 기원하옵니다!
오갠의 빠드마쌈바와께 기원하옵니다!

흰두 바다의 유희의 섬에서
눈부신 연꽃의 줄기 위에서
부모도 없이 자생으로 출현하시니
인(因)도 연(緣)도 없이 유정의 이익을 위해 오신
경이로운 자생의 당신께 기원하옵니다!
오갠의 빠드마쌈바와께 기원하옵니다!

모든 부처님의 몸의 화신이시니
자생으로 상호를 갖춰서 오시고
일천의 햇살보다 위광이 혁혁하고
화신이 세간을 덮도록 발출하시니
경이로운 화신의 몸에 기원하옵니다!

오갠의 빠드마쌈바와께 기원하옵니다!

모든 부처님의 말씀의 화신이시니
무렵의 연꽃 꽃술에서 태어나시고
일천의 천둥보다 음성이 장중하시고
유정의 이익을 위해 대승의 법음을 발출하시니
천둥처럼 울리는 묘음성에 기원하옵니다!
오갠의 빠드마쌈바와께 기원하옵니다!

모든 부처님의 마음의 화신이시니
깊이와 변제가 없는 바다에서 태어나시고
허공의 번개보다 대비의 사업이 빠르시고
심오한 밀의가 허공의 변제와 같으신
일체에 명징한 마음에 기원하옵니다!
오갠의 빠드마쌈바와께 기원하옵니다!

유정의 이익을 위한 여의보주의 몸
당신의 명호를 듣는 것만으로 고통이 멸하고
무지개처럼 공덕이 각각 빛나시고
순간의 억념으로 보리도로 이끄시니

모든 공덕의 근원인 당신께 기원하옵니다!
오갠의 빠드마쌈바와께 기원하옵니다!

대비의 사업의 힘으로 이익을 행하시는
식멸과 증익, 회유와 주살의 네 업으로
번뇌의 제복이 힘든 유정을 방편으로 조복하고
하늘의 별처럼 사업이 불가사의하신
사업의 바다의 큰 물결에 기원하옵니다!
오갠의 빠드마쌈바와께 기원하옵니다!

상하 사방에서 유정이 이익을 행하여도
설원의 티베트 유정을 대비로 살피시고
티베트의 군신과 백성들 모두에게 또한
삼세에 걸쳐 쉼이 없이 가피를 주시고
윤회의 고해에서 건져주시길 기원하옵니다!

그 뒤 구루의 권속인 다섯 명의 기원자들이 광대한 회공(會供)을 올리고, 예배와 주위를 돌고 여쭈길, "아, 대아사리시여! 이와 같이 특별한 기원문을 하나씩 설하여 주시니 은혜가 막대하나이다. 이 기원문을 범속한 인간의 소리로 낭송하지 않고, 미래의 유정들이 고통으로 괴로워하기에 대아사리를 억념한 뒤 기원을 행하면, 어떠한 음성의 곡조로 낭송해야 하옵니까?"라고 물었다.

대아사리께서 말씀하시되, "나의 뒤를 따라 윤회를 버리길 원하는 이들은 믿음과 공경과 승해로써 끊임없이 기원하라. 일념으로 슬픈 곡조로 이같이, 어린애가 엄마 아버지를 부름과 같은 목소리로, 비파와 피리처럼 아름다운 곡조의 소리로 하루 밤낮 여섯 차례에 걸쳐 기원하라."라고 하셨다.

아래에 나오는 4게송과 2구는 법왕 티쏭데짼의 화신으로 알려진 뺄따씨똡걜(dPal bkras śis stobs rgyal)이 보유한 것이다.

라고 설한 과거의 서언을 언약함과 같이
공경함과 애절하게 기원하는 아들딸에게

께마, 대비로 살피소서! 마하구루시여!
가피를 내리소서! 지존한 퇴탱쨀이시여!
장애를 다 멸하소서! 뒤될닥뽀쨀이시여!
최승성취를 내리소서! 오갠린뽀체시여!

지금 투쟁시절인 이 오탁악세에서
사마에 붙잡힌 이들이 해악과
변경의 군대와 질병과 기근 등의
재앙과 흉조와 해악이 다 소멸하고

붓다의 교법과 특별히 구승(九乘)의 전통을[78]
지니는 불자들이 번영·성숙·원만하여 지이다!

원만구족의 쌈얘사원의 대웅보전에서
연화생께서 심오한 도의 법을 설하고
대승의 국정칠보(國政七寶)의 묘법과
행운의 청정한 선근자 다섯 권속과
승리의 백광이 가득한 길상한 시절
오늘 여기 심원이 자연성취되는 길상이 있게 하소서!

대아사리께서 말씀하시되, "미래의 오탁악세에 서쪽에서 나의 뒤를 따르는 숨은 유가사가 유정의 이익을 크게 행하니,

---

78) 구승(九乘)은 닝마빠(舊密)에서 모든 불교의 가르침을 아홉 단계로 구별한 것이니, 곧 성문과 연각과 보살의 외삼승(外三乘)과 사속(事續)과 행속(行續)과 유가속(瑜伽續)의 삼내승(三內乘)과 대유가(大瑜伽)와 수류유가(隨類瑜伽)와 최극유가(最極瑜伽)의 방편삼내승(方便三內乘)의 아홉이다.

특별히 나를 경모하고 의심이 적고 법왕의 후손을 지키는 그와 같은 복분을 타고난 자가 말세에 출현한다. 그러니 복분을 타고난 그 사부를 위해 이것을 은닉하라. 싸마가타:!"라고 하셨다.

7) 구루 린뽀체의 쌈빠휜둡마(心願自然成就祈願文)

나모 구루! 대아사리 빠드마쌈바와께서 서남방의 나찰의 땅으로 가실 때, 네팔 접경도시 망율(Maṅ yul)의 궁탕(Guṅ thaṅ)의 라까르(La kar, 흰고개)에서 왕자 무티쨴뽀(Mu khri btsan po)가 예배를 올리고 주위를 돈 뒤, 머리를 구루 린뽀체의 발에 조아리고, 법의의 자락을 붙잡고 눈물을 흘리고 몸을 부르르 떨고 애절하게 울면서 다음과 같이 탄식하였다.

"아, 슬프다! 구루 린뽀체시여! 오오백세의 끝에 망율의 궁탕의 설산 자락 여기에서 나의 자손이 자리를 잡고, 서민이 되고 고통을 당하면 가엾도다! 티베트 왕이여, 나의 자손은 누구에게 희망을 걸어야 합니까?

업을 삼아서 전쟁과 다툼을 벌이고, 적정처와 대치법을 내버리고, 산과 골짜기에 도적이 횡행하고, 불법을 닦는 여가가 없어 [직접공양과 의성공양의] 두 가지의 상사공양(上師供養)을 못 올릴 때 참으로 괴롭도다! 미래에 오는 믿음을 지닌 이들은 슬프도다!

사원을 싸움터로 만들고, 몸·말·뜻 셋의 상징인 불상과 경전과 탑들을 파괴하고, 성물들을 사악한 자들이 누리고, 적정처에서 뵌교가 쏘쏘하는 소리를 외치고, 법륜이 무너짐에 직면하면, 불법의 의지처들이 슬프도다! 누구에게 법륜과 호법을 기대해야 합니까?

지존한 스승들을 독이든 음식으로 살해하고, 인사들의 목숨을 사악한 주술로 빼앗고, 상류층을 불법적으로 하층민으로 끌어내리고, 사랑하는 친구가 배신하면, 티베트의 척신들은 슬프도다! 국왕의 자애를 누구에게 기대해야 합니까?

질병과 전쟁과 기근의 겁이 번지고, 변방의 군대들이 중앙으로 몰려오고, 사귀와 흉신이 저주를 일으키면, 온갖 원치 않는 불상사가 생기면, 티베트의 백성들은 고통스러우니 슬프도다! 의지할 데 없는 유정들은 누구에게 기대해야 합니까?

부왕은 일찍 돌아가시고, 구루는 오갠으로 떠나시고, 나 무티짼뽀는 티베트에 홀로 버려졌다. 부왕은 수명이 짧으시고, 구루는 자비가 적으시고, 나 무티짼뽀는 복덕이 적고, 사원과 교법이 쇠퇴하고, 티베트 백성들은 행복이 다하였다.

어째서 부왕과 구루께서 계실 때 나 무티짼뽀는 죽지 않았는가? 내 마음은 누구에게 의지해야 하는가? 자비의 의견을 누가 제시하는가? 불법을 누구에게 물어야 하는가? 임종할 때 누가 의식전이(意識轉移)를 행하는가? 바르도의 고통을 누가 없애는가? 죄장의 정화를 누가 행하는가? 아, 슬프도다!" 자비가 적다고 애절하게 통곡한 뒤 기절하였다.

그 뒤 대아사리께서 무티짼뽀의 귀에 진언을 가지한 법수를 뿌리자 정신이 되살아났다. 왕자의 머리를 무릎에 올려놓은 뒤, 대아사리께서 다음과 같이 말씀하셨다.

"잘 듣도록 하라. 믿음을 지닌 티베트의 왕이여! 행운의 선근자인 신해와 공경을 지닌 아들이여! 부왕 티쏭데우짼은 수명이 다하였으니, 괴로워하지 말라. 왕자인 티베트의 왕이여! 나는 티베트의 이익을 위해 다시 오고, 믿음을 지닌 이들에게 직접 불법을 설하니, 괴로워하지 말라. 왕자인 티베트의 왕이여!

그대의 모든 죄장이 남김없이 나의 얼굴을 보는 것만으로 반드시 정화되니, 괴로워하지 말라. 왕자인 티베트의 왕이여!

이생과 후생과 바르도(中有)에서 나와 자주자주 만나고 고통을 없애니, 괴로워하지 말라. 왕자인 티베트의 왕이여!

지금부터 16생에 걸쳐서 유정의 이익을 행한 뒤 오갠의 다끼니의 정토에 오게 되니, 괴로워하지 말라. 천자인 티베트의 왕이여!

망율의 궁탕의 설산 자락 여기에 뒷날 태어나는 국왕의 후손들은 혈손이 잘못됨이 없이 정법으로 국정을 수호하고, 나의 대비가 끊어짐이 없이 보살피니, 괴로워하지 말라. 왕자인 티베트의 왕이여!

적정처에서 법을 닦는 믿음과 공경을 지닌 이들이 부처님의 말씀에 수순하는 교화대상들을 나의 가피와 자비로 지켜주니, 괴로워하지 말라. 왕자인 티베트의 왕이여!

복분이 없고 사견과 죄업을 행하는 마라의 종성으로 망상분별과 다투는 마음의 흑도의 유정들을 나는 보호하지 않음으로써 악업들을 행하니, 지금 사악한 대신 이들도 또한 국왕의 마음을 어지럽히고, 나의 언약을 위배하고 다시 삼악도에 반드시 들어간다. 그렇지만 나의 얼굴을 보고 음성을 들음으로써 마지막엔 악업이 정화되어 나의 교화대상으로 태어나니, 괴로워하지 말라. 왕자인 티베트의 왕이여!

악세의 끝에 도달하게 될 무렵 따쌍(bKra bzaṅ)이라 부르는 산의 동쪽 자락에서, 한 은둔의 유가사의 발원으로 나의 복장물을 발굴하고 국왕의 자손을 지키니, 괴로워하지 말라. 왕자인 티베트의 왕이여!

말세의 유정들을 사기꾼이 교화하고, 그것의 허물로 사견의 진흙탕에 들어가니, 법과 유사법을 구분하지 못하고 의심이 크다.

따쌍의 산자락에 출현하는 그의 법은 밀주와 대승의 가르침과 같고, 착한 법을 행하는 은둔의 유가사가 궁탕의 국왕과 백성들을 반드시 지키니, 괴로워하지 말라. 왕자인 티베트의 왕이여!"

이것을 "그때 국왕의 고통을 없애고, 번뇌가 자연히 해탈함이다."라고 말하였다.

대아사리께서 말씀하셨다.

"왕자여, 그대의 자식과 백성들의 이익을 위해 지극한 자애로써 나는 국왕의 자손들을 오탁악세의 마지막에 이르기까지 가피와 대비로 지키니, 왕자여, 그대와 백성들에게 나의 유언을 이같이 남겨라.

종성이 고귀하고 근본이 고결한 광명의 천신의 혈통인 무티짼뽀 이후의 자손이 단절되지 않게 나는 대비로 항상 수호하니, 죄업을 행하는 친구와 대신의 입에 떨어지지 않게 하고, 왕법과 불교의 율법으로 생활하라. 법이 없는 간교하고 첨광을 일삼는 자들이 말세에 출현함으로써, 그들을 단죄하는 율법을 세우고, 법답게 행함으로써 나라가 태평하게 된다.
목숨이 위태롭고 권세를 탈취하고 왕을 백성으로 끌어내림이 생기면, 신귀를 증인으로 세우고 물리치도록 하라.
탁세에 궁탕의 왕을 애민함으로써 독사가 겹겹이 쌓인 것 같은 바위산 허리에 왕자의 후손을 지키는 구결이 숨겨져 있다.
그 시절에는 사람들의 의심이 크니, 사견을 행하지 말고 나의 말대로 행하라. 궁탕의 왕의 심원을 그것으로 성취한다. 죄업을 행하는 왕을 나는 수호지 않는다."

대아사리께서 말씀하셨다.

"그대 무티짼뽀의 후손들이 망율의 궁탕의 설산 자락 여기에서 나의 복장법을 [발굴하여] 그 법으로 수호할 때, 티베트의 고통의 시절이 도래하니, 하늘에는 신귀(神鬼)가 다투고, 지하에는 용과 나찰이 다투고, 땅 위에는 토지신이 다투고, 죄악을 행하는 왕들이 서로 다투고, 백성들이 서로 다투고, 아버지의 형제가 서로를 살육하니, 원치 않는 불길한 일들이 중생에게 일어난다.
그 시절이 오면 여래의 교법은 끝에 도달하고, 본존의 성취는 쇠퇴하고, 다끼니와 호법신중이 [수호를 외면하고] 멀리 딴 곳을 바라본다. 유정의 행복이 다한다.

궁탕의 왕과 시주와 군신들은 나의 가르침대로 행하고 복장법을 행하라. 나 구루빠드마쌈바와의 자비가 신속하고 대력이 그때 출현한다. 항상 언제나 쉼이 없이 나에게 기원을 행하라. [그때 나 빠드마쌈바와보다 자비가 더 신속한 붓다는 어디에도 없다. 그러므로 공경과 신해로써 이같이 간절히 기원토록 하라.]"

에 마 호!
서방의 대락의 정토인 극락세계에서
아미타불께서 대비의 가피를 나투어
화신의 빠드마쌈바와를 가지하심에
사바의 중생들을 건지려 강림하시니
구제사업이 다함이 없으신 대자비자!
오갠의 빠드마쌈바와께 기원하옵니다!
심원이 자연히 성취되게 가지하옵소서!

국왕인 티쏭데우짼의 아랫대로부터
법왕의 후손들이 끊어짐이 없도록

삼시에 끊임없이 가피를 시여하는
티베트의 호법왕의 유일한 벗이자
국왕의 법행을 지켜주는 대자비자!
오갠의 빠드마쌈바와께 기원하옵니다!
심원이 자연히 성취되게 가지하옵소서!

몸은 응아얍에서 나찰을 제압하여도
대비로 티베트 유정이익을 사유하시며
무명의 전도 중생을 인도하는 지존자!
번뇌의 유정들을 방편으로 교화하며
애민이 영원히 멈추지 않는 대자비자!
오갠의 빠드마쌈바와께 기원하옵니다!
심원이 자연히 성취되게 가지하옵소서!

오탁의 악한 세상이 막판에 다다르면
조석으로 설원의 이익을 위해 오시고
뜨고 지는 눈부신 햇살을 타고 오시며
상현의 열흘에는 실제로 강림하시고
대력으로 중생을 구제하는 대자비자!
오갠의 빠드마쌈바와께 기원하옵니다!

심원이 자연히 성취되게 가지하옵소서!

후오백세 투쟁견고의 탁한 세상에선
모든 중생이 오독의 번뇌에 물들어
번뇌를 쫓아 혼미하고 오독을 또한
자기의 성품으로 삼는 악한 시절에
저희를 대비로 거두워 지켜주옵소서!
헌신자를 선취로 인도하는 대자비자!
오갠의 빠드마쌈바와께 기원하옵니다!
심원이 자연히 성취되게 가지하옵소서!

오랑캐 등의 공포의 적군에 포위되어
교법이 위태하고 존망에 다다를 때
의심과 망설임을 버리고 기원하라.
오갠의 팔부신중이 겹겹이 둘러싸고
적군을 물리침이 추호도 의심 없다.
오갠의 빠드마쌈바와께 기원하옵니다!
심원이 자연히 성취되게 가지하옵소서!

중생의 환신을 부수는 질병이 생길 때

극심한 고통의 질병의 위험이 닥치면
추호의 의심 없이 간절히 기원하라.
오갠의 구루는 약사여래와 하나이니
명이 다하지 않은 장애는 필히 없앤다.
오갠의 빠드마쌈바와께 기원하옵니다!
심원이 자연히 성취되게 가지하옵소서!

사대가 마라가 되고 땅기운이 소진해
기근과 질병에 유정들이 시달릴 때
추호의 의심 없이 간절히 기원하라.
오갠의 구루가 재신과 다끼니와 함께
기갈과 빈궁을 없앰은 의심이 없다.
오갠의 빠드마쌈바와께 기원하옵니다!
심원이 자연히 성취되게 가지하옵소서!

선근 중생을 위해 비장물을 찾으면
거짓 없는 서약과 굳건한 믿음으로
추호의 의심 없이 간절히 기원하라.
오갠의 구루는 본존들과 한 몸이니
부모 재산을 아들이 씀은 당연하다.

오갠의 빠드마쌈바와께 기원하옵니다!
심원이 자연히 성취되게 가지하옵소서!

비밀장소와 산중과 은둔처로 갈 때
눈보라와 비바람이 앞길을 막으면
추호의 의심 없이 간절히 기원하라.
오갠의 구루가 지신들에게 둘러싸여
앞길을 인도함은 추호도 의심 없다.
오갠의 빠드마쌈바와께 기원하옵니다!
심원이 자연히 성취되게 가지하옵소서!

범과 표범, 곰과 독사 등의 짐승이
황야와 두려운 산길에서 배회할 때
추호의 의심 없이 간절히 기원하라.
오갠의 구루가 용사와 신중과 함께
사나운 짐승을 쫓음은 의심이 없다.
오갠의 빠드마쌈바와께 기원하옵니다!
심원이 자연히 성취되게 가지하옵소서!

지수화풍의 네 원소들의 장애로 인해

환영의 육신이 위태롭고 무너질 때
추호의 의심 없이 간절히 기원하라.
오갠의 구루가 사대원소 여신과 함께
병을 원상으로 되돌림은 의심이 없다.
오갠의 빠드마쌈바와께 기원하옵니다!
심원이 자연히 성취되게 가지하옵소서!

험한 산길과 두려운 산천을 지날 때
도적과 강도들이 출현하여 위급하면
추호의 의심 없이 간절히 기원하라.
오갠의 구루는 사인의 대력을 지니어[79)]
도적과 악한들의 탐욕심을 분쇄한다.
오갠의 빠드마쌈바와께 기원하옵니다!
심원이 자연히 성취되게 가지하옵소서!

어떤 이가 원수의 군대에 포위당해
사나운 병장기에 찔리고 위급하면
추호의 의심 없이 간절히 기원하라.

79) 여기서 사인(四印)은 식(息)·증(增)·회(懷)·주(誅)의 사업(四業)의 무드라(印契)를 말한다.

오갠의 구루는 금강장막을 지님으로[80]
원적을 떨게 하고 병장기를 부순다.
오갠의 빠드마쌈바와께 기원하옵니다!
심원이 자연히 성취되게 가지하옵소서!

어느 날 명이 다해 죽음이 닥칠 때
무서운 해지절의 고통에 짓눌리면
추호의 의심 없이 간절히 기원하라.
오갠의 구루는 아미타의 화신이니
미타의 정토에 태어남은 당연하다.
오갠의 빠드마쌈바와께 기원하옵니다!
심원이 자연히 성취되게 가지하옵소서!

빌려 입은 환영의 육신이 사멸하고
바르도에서 착란과 환각에 시달리면
추호의 의심 없이 간절히 기원하라.
삼세를 꿰뚫는 오갠의 대비의 힘으로
착란이 자연해탈함은 추호도 의심 없다.

80) 금강장막(金剛帳幕)은『헤바즈라딴뜨라(喜金剛續)』의 석속(釋續)인『도제구르(金剛帳幕續)』에서 설하는 8명의 남녀 호법신들과 권속으로 이루어진 신중들을 말하는 것으로 보인다.

오갠의 빠드마쌈바와께 기원하옵니다!
심원이 자연히 성취되게 가지하옵소서!

또한 숙업과 악연의 영향에 휘달려
착각을 실제로 인정하여 고뇌할 때
추호의 의심 없이 간절히 기원하라.
오갠은 대락왕(大樂王)의 실존이니[81)]
고통과 착란을 뿌리째 잘라버린다.
오갠의 빠드마쌈바와께 기원하옵니다!
심원이 자연히 성취되게 가지하옵소서!

육도의 중생들이 큰 고통에 시달리고
특별히 티베트의 군신들이 괴로우면
믿음과 공경심으로 애절한 마음으로
추호의 의심 없이 간절히 기원하라.
오갠의 구루가 불변의 대비로 살핀다.
오갠의 빠드마쌈바와께 기원하옵니다!
심원이 자연히 성취되게 가지하옵소서!

81) 이것은 구루챈개(蓮花生八號) 가운데 빼마퇴뎅짤(蓮花髑髏鬘力)을 말하니, 밀교의 구생의 대락과 지혜를 한 몸에 누림으로써 대락왕(大樂王)으로 부른다.

대아사리께서, 왕자를 자애로 호념하여 여의주와 같은 13가지의 구결을 하사하였다. 그 뒤 왕자가 공손히 예배를 올리고 주의를 돌고난 뒤, 구루 린뽀체께서 오갠의 땅을 얼굴을 돌려 보신 뒤, 햇살에 올라 떠나셨다.

왕자 무티짼뽀의 번뇌의 자연해탈의 구결과 여의주와 같은 구결을 유언과 함께 보석을 쌓아놓음과 같은 망율의 바위에 비장하였다. 비장물의 주인인 네 명의 쎄이하모(bSeḥi lha mo)에게 부촉하였다.

어느 날 오탁악세의 끝에 나의 자손들이 고통을 당할 때, 따쌍 설산의 동쪽 자락에 행운의 선근자가 출현할 때, 그때 그가 비장물을 얻은 뒤, 나의 후손을 수호하여 지이다! 싸마가!

왕자 무티짼뽀가 유언을 다음과 같이 남겼다.

"나의 자손과 백성으로 믿음과 공경을 지닌 이들은 '삼신의 스승님께 올리는 기원문' 그것은 귀의처인 라마를 억념하는 어느 때나 낭송하라.

부왕에게 설하신 기원문 그것은 저녁 어둠이 짙어지는 때 낭송하라.

유가성취녀 예시초걜에게 설하신 기원문 그것은 날이 밝아오는 때 낭송하라.

비구 남카닝뽀에게 설하신 기원문 그것은 날이 밝은 평안한 때에 낭송하라.

진언사 나남·도제뒤좀에게 설하신 기원문 그것은 해지는 때에 낭송하라.

나 무티쩬뽀에게 설하신 기원문 그것은 한밤중에 낭송하라.

궁탕의 왕에게 설하신 기원문 그것은 한낮 한가할 때 낭송하라.

보통 이들 기원문은 고통을 느낄 때 낭송하라.

나와 왕의 자손이 그릇됨이 없고, 법도대로 행하는 선근자에게 보통 모든 부처님의 은혜가 크고, 특별히 구루린뽀체의 은혜가 헤아릴 수 없다. 법을 수호하는 나 법왕의 말을 경청하라. 항상 구루에게 경모하는 마음으로 기원을 행하라."

또한 궁탕의 왕에게 설하신 기원문인 이 '쌈빠휜둡마(心願自然成就文)'는 왕자 무티쩬뽀가 루락담빠걍(Ru lag gram pa rgyaṅ) 사원에 비장하였다. 이 복장물을 수호여신 데우숀마 (Dreḥu shon ma)에게 부촉하였다. 싸망가: 타와: 싸마야: 갸: 갸:갸:!

임진년(壬辰年) 락강(lag rgyaṅ) 사원에서 화신 쌍뽀닥빠(bZaṅ po grags pa)가 이 복장물을 발굴하고, 대지명자 괴뎀투짼(rGod ldem ḥphru can, 1337~1408)에게 위탁하다. 대지명자께서 쏙쎄르(Śog ser)에서 다끼니의 글자에서 번역하다. 떼르갸:! 배갸:! 쌉갸:! 이티:!

5. 구루 린뽀체의 바르채람쎌마(諸障消滅祈願文)[82)]

옴 아 훔 바즈라 구루 빼마 씻디 훔!

법신의 아미타부처님께 기원하옵니다!
보신의 관자재보살님께 기원하옵니다!
화신의 빠드마쌈바와께 기원하옵니다!

저의 스승이신 경이로운 화신께서는
인도에서 태어나 문사수를 닦으시고
티베트에 오셔서 흉신들을 제복하고
오걘의 정토에서 유정들을 건지시니

대비로 저희에게 가피를 주시옵소서!
자애로 저희를 불지로 인도하옵소서!
밀의로 저희에게 성취를 주시옵소서!
대력으로 저희의 장애를 없애주옵소서!

82) 원문은 "쏠뎁바르채람쎌마(gSol ḥdebs bar chad lam sel ma, 諸障消滅祈願文)이다.

외적장애는 밖에서 없애주옵소서!
내적장애는 안에서 없애주옵소서!
비밀장애는 법계서 없애주옵소서![83)]
극진하게 절하옵고 귀의하옵니다!

옴 아 훔 바즈라 구루 빼마 씻디 훔!

경이로운 화신의 자태를 일견하면
오른손은 이검의 수인을 맺으시고
왼손은 구인하는 수인을 맺으시고
송곳니 드러내고 허공을 응시하는
여래의 후예이자 중생의 대구호자!

대비로 저희에게 가피를 내리옵소서!
자애로 저희를 불지로 인도하옵소서!
밀의로 저희에게 성취를 주시옵소서!
대력으로 저희의 장애를 없애주옵소서!

외적장애는 밖에서 없애주옵소서!

83) 여기서 외적장애는 병마(病魔) 등을 말하고, 내적장애는 번뇌와 여실하지 못한 비리작의(非理作意) 등이며, 비밀장애는 본질이 착한 업과 같은 일에 들어가지 못하는 것이다.

내적장애는 안에서 없애주옵소서!
비밀장애는 법계서 없애주옵소서!
극진하게 절하옵고 귀의하옵니다!

옴 아 훔 바즈라 구루 빼마 씻디 훔!

보석 같은 여래의 묘법 들으실 때
눈부신 몸에는 빛살이 찬란하시고
오른손엔 삼장의 경전을 잡으시고
왼손에는 금강궐의 밀전을 드시고
심오한 묘법들을 마음에 통달하신
성스러운 땅 양라쉬의 마하빤디따!

대비로 저희에게 가피를 주시옵소서!
자애로 저희를 불지로 인도하옵소서!
밀의로 저희에게 성취를 주시옵소서!
대력으로 저희의 장애를 없애주옵소서!

외적장애는 밖에서 없애주옵소서!
내적장애는 안에서 없애주옵소서!

비밀장애는 법계서 없애주옵소서!
극진하게 절하옵고 귀의하옵니다!

옴 아 훔 바즈라 구루 빼마 씻디 훔

담짼도제의 호법서약을 받으실 때[84)]
심신이 즐거운 더러움이 없는 성지
인도와 네팔 접경지역을 편력하며
곳곳에 가피를 내리시고 오실적에

향기로운 서향이 감도는 명산이자
겨울에도 연꽃이 피어나는 대길지
바위에서 감로가 샘솟는 추믹장춥[85)]
안락과 축복이 넘치는 그 성지에서

성인의 위용이 넘치는 법의를 입고

84) 수호신 담짼도제(Dam can rdo rje)의 본명은 담짼도제렉빠(Dam can rdo rje legs pa, 金剛善護法)이며, 구루 린보체에게 불법의 수호를 맹서한 신장으로 사자를 타고 있다. 그의 권속은 360명으로 100명은 인도에, 100명은 중국에, 60명은 티베트에 머문다고 알려졌다.

85) 추믹장춥(Chu mig byaṅ chub, 菩提石泉)은 카트만두의 남쪽에 있는 리끼소르 지역에 있는 밀교의 성지이다.

오른손엔 구고 금강저를 잡으시고
왼손에는 보석의 손궤를 들으시고
감로의 선혈을 안에다 채우신 뒤
칸도와 담짼의 호법서약을 받으며[86)]
본존을 뵙고 성취를 얻으신 지존!

대비로 저희에게 가피를 주시옵소서!
자애로 저희를 불지에 인도하옵소서!
밀의로 저희에게 성취를 주시옵소서!
대력으로 저희의 장애를 없애주옵소서!

외적장애는 밖에서 없애주옵소서!
내적장애는 안에서 없애주옵소서!
비밀장애는 법계서 없애주옵소서!
극진하게 절하옵고 귀의하옵니다!

옴 아 훔 바즈라 구루 빼마 씻디 훔!

붓다의 정법을 견고하게 세우실 때

86) 여기서 칸도(mKhaḥ ḥgro, 空行)는 구루 린뽀체에게 귀의하여 불법을 수호하길 서약한 남녀의 세속신들을 말한다.

푸른 돌산 야리의 숲에서 닦으시고
항마의 금강궐을 허공에 던지시고[87)]
금강의 수인(手印)으로 잡으신 뒤
전단의 숲 속으로 멀리 던지시니

화염이 치성하고 호수 또한 말리고
완악한 외도들의 소굴을 불태워서
흉악한 나찰들을 분쇄하고 제복하신
천하에 견줄데 없으신 마라의 원수!

대비로 저희에게 가피를 주시옵소서!
자애로 저희를 불지로 인도하옵소서!
밀의로 저희에게 성취를 주시옵소서!
대력으로 저희의 장애를 없애주옵소서!

외적장애는 밖에서 없애주옵소서!
내적장애는 안에서 없애주옵소서!
비밀장애는 법계서 없애주옵소서!

87) 금강궐(金剛橛)은 범어 낄라(Kila)와 티베트어 푸르빠(Phur pa)의 역어로 마라를 항복시키는 밀교의 법구인 까닭에 항마궐(降魔橛)이라 부른다. 또한 닝마빠(舊密)에 전승되는 본존 바즈라낄라(金剛橛佛)의 이름이기도 하며, 그의 상반신은 분노존의 모습을 하고, 하반신은 금강궐의 모습을 하고 있다.

극진하게 절하옵고 귀의하옵니다!

옴 아 훔 바즈라 구루 빼마 씻디 훔!

식육하는 나찰의 무리를 제복하실 때
수려한 복장을 하신 화신의 동자 몸
경이로운 위용에 몸빛은 찬연하시고
미려한 금빛머리칼에 치아가 정연하신
열여섯 방년의 당당한 소년의 모습에
갖가지 보석 장신구를 몸에 걸치시니

오른손엔 청동의 금강궐을 잡으시고
마라와 나찰들을 발아래 굴복시키고
왼손에는 자단나무 금강궐을 쥐시고
믿음의 선근자를 빠짐없이 지키시고
목에는 철로 만든 금강궐을 걸으신
본존과 더불어 둘이 아닌 한 몸이신
남섬부주의 장엄이자 불이의 화신불!

대비로 저희에게 가피를 주시옵소서!

자애로 저희를 불지로 인도하옵소서!
밀의로 저희에게 성취를 주시옵소서!
대력으로 저희의 장애를 없애주옵소서!

외적장애는 밖에서 없애주옵소서!
내적장애는 안에서 없애주옵소서!
비밀장애는 법계서 없애주옵소서!
극진하게 예배하고 귀의하옵니다!

옴 아 훔 바즈라 구루 빼마 씻디 훔!

흉귀의 나라를 교화하길 사유할 때
사나운 불길이 치솟는 대지 가운데
화살의 사정거리 크기의 호수 속에
연꽃 위의 자용은 사늘사늘하시고
연꽃 가운데 불사의 이적을 나투어
빠드마쌈바와로 세상에서 칭송하는
완전한 붓다께서 실제로 강림하신
그와 같이 경이롭고 희유한 화신불!

대비로 저희에게 가피를 주시옵소서!
자애로 저희를 불지로 인도하옵소서!
밀의로 저희에게 성취를 주시옵소서!
대력으로 저희의 장애를 없애주옵소서!

외적장애는 밖에서 없애주옵소서!
내적장애는 안에서 없애주옵소서!
비밀장애는 법계서 없애주옵소서!
극진하게 예배하고 귀의하옵니다!

옴 아 훔 바즈라 구루 빼마 씻디 훔!

어둠의 땅 설원에 불일을 밝힐 때
신실한 중생들의 상서로운 인도자!
일체에 수순하고 일체에 응현해서
짱칼라에서 전신(戰神)의 거사들의
호법의 서약을 받으시고 차와차쑈
계곡에서 흉폭한 산신 스물한 명의[88)]

88) 산신(山神) 스물한 명은 티베트을 대표하는 스물하나의 대설산에 거주하는 산신들로 구루 린보체로부터 거사계(居士戒)를 받고 불법을 수호하기로 맹세한 신들이다.

호법의 서약과 망율의 잠띤(慈雲)에서[89)]
네 명의 비구에게 성취를 시여하신
더없이 거룩한 최승의 위드야다라!

대비로 저희에게 가피를 주시옵소서!
자애로 저희를 불지로 인도하옵소서!
밀의로 저희에게 성취를 주시옵소서!
대력으로 저희의 장애를 없애주옵소서!

외적장애는 밖에서 없애주옵소서!
내적장애는 안에서 없애주옵소서!
비밀장애는 법계서 없애주옵소서!
극진하게 예배하고 귀의하옵니다!

옴 아 훔 바즈라 구루 빼마 씻디 훔!

뺄모(吉祥母)의 상서로운 평원에서
땐마쭉니의 호법서약을 받으시고[90)]

---

89) 서부 티베트의 망율 지방의 잠띤(慈雲寺)은 후대에 많은 복장법들이 발견된 장소이다.

90) 땐마쭉니(brTan ma bcu gñis, 十二守護女神)는 티베트의 불법을 수호하는 12명의 지모(地母)들이다. 이들에 대해, "그 뒤 빠드마쌈바와(蓮花生)께서 오육데모(Ḥo yug bre mo)

티베트의 찰라의 산언덕에서 강까르쌰메의 서약을 받으시고[91] 하뷔닝의 늪지에서 탕하야르슈르의[92]

의 산언덕에 이르자, 12여신들이 12가지의 벼락을 때리고, 두 산 가운데 놓고 산을 붙여서 압착하자, 아사리께서 신통으로 두 산을 불태워서 숯덩이처럼 만들자 힘을 상실하고 항복하였다. 이에 가피를 내리고 불법의 수호여신이 되게 하였다. 땐마쭈니(brTan ma bcu gñis)와 꽁마쭈니(sKyoṅ ma bcu gñis)와 야마쭈니(Ya ma bcu gñis)가 각자의 쏙닝(生命)을 받치자 호법을 서약시킨 뒤, 복장물(伏藏物) 하나씩을 준 뒤 지키도록 부촉하였다."라고 『빼마까탕(蓮花遺敎)』의 「뵈끼한데뚤싱담라딱(制服吐藩凶神及誓約)」은 말하고 있다.

91) 강까르쌰메(Gaṅs dkar śa med, 白雪無肉母)에 대해, "그 뒤 아사리께서 남탕카르낙(gNam thaṅ mkhar nag)의 산언덕에 이르자, 강까르남맨까르모(Gaṅs dkar gnam sman dkar mo) 여신이 벼락을 때렸다. 아사리께서 손가락을 뻗쳐 벼락을 감아서 호수에다 버리자, 여신이 크게 놀라서 뺄모뺄탕(dPal mo dpal thaṅ) 호수로 도망쳤다. 아사리가 신통으로 호수 물을 끓게 하자 여신의 살과 뼈가 붙지 않고 분리되었다. 다시 금강저를 날려서 오른쪽 눈을 찔러버리자, 여신이 견디지 못하고 호숫가로 다시 나와서 이와 같이 간청하였다. '제불의 대표자이신 도제퇴텡짤(金剛髑髏鬘力)이시여! 다시는 장애를 끼치지 않으며, 마음의 노여움을 푸소서! 무엇을 분부하든 존명을 받들며, 아사리의 백성으로 귀순합니다.'라고 한 뒤, 쏙닝(生命)을 받치고 항복하였다. 이에 밀명을 쌰메도제유뢴마(無肉金剛綠璁玉燈)라 명한 뒤, 대복장물(大伏藏物) 하나의 목록을 주고, 수호토록 부촉하였다."라고 위의 같은 책에서 말하고 있다.

92) '하뷔닝(lHa buḥi sñiṅ)의 늪지에서 탕하야르슈르(Thaṅ lha yar shur, 大險山神)'에 대해, "탕하야르슈르가 아사리를 시험하기 위해 머리는 두구(Gru gu) 지방에 닿고, 꼬리가 캄(Khams) 지방의 쏙추예르탕(Sog chu gyer thaṅ)까지 뻗치는 흰 뱀으로 변화하여 길을 막았다. 아사리께서 뱀 허리를 지팡이로 찌른 뒤, '용왕인 넬레퇴까르(Ne le thod dkar) 그대는 건달바왕인 쑤르퀴응아(五髮髻)라고 부르니, 그대는 저쪽으로 가서 회공(會供)을 진설하라.'라고 말하였다. 탕하(Thaṅ lha)가 놀래서 설산으로 달아나자, 신통으로 눈을 녹게 하니, 검붉고 시퍼런 산정이 들어나고 바위가 무너져 내렸다. 탕하가 더 이상 견디지 못하고 뛰쳐나와 갖가지의 음식들을 장만하여 회공(會供)을 차려왔다. 청옥오발동자(靑玉五髻童子)로 변한 뒤, 하얀 비단옷을 입고서 정례를 한 뒤, 쏙닝(生命)을 받치고 불법수호의 서약을 하자, 복장물의 수호를 부촉하고, 밀명을 도제촉랍짤(rDo rje mchog rab rtsal, 金剛最勝力)이라 명하였다."라고 위의 같은 책에서 말하고 있다.
덧붙이면, 일찍이 팡탕(ḥPhaṅ thaṅ) 왕궁을 홍수로 쓸어버린 대표적 흉신의 하나인 야르하쌈뽀(Yar lha śam po, 先保山神)에 대해 같은 책에서, "그 뒤 아사리가 쌈뽀(Śam po)

호법서약을 받고 밀명(密名)을 주시고

쌈얘사원 부근 해뽀리의 산정에서
모든 신귀의 호법서약을 받으시니
큰 선신과 흉신들 가운데 일부는
목숨을 받치고 일부는 호법서약을
일부는 명을 받드는 종을 자청하니
대력과 신통을 소유하신 대력자!

대비로 저희에게 가피를 주시옵소서!
자애로 저희를 불지로 인도하옵소서!
밀의로 저희에게 성취를 주시옵소서!
대력으로 저희의 장애를 없애주옵소서!

외적장애는 밖에서 없애주옵소서!
내적장애는 안에서 없애주옵소서!
비밀장애는 법계서 없애주옵소서!

계곡에 이르자, 썀뽀가 크기가 산만한 흰 야크소로 변화한 뒤, 입김과 콧김을 사나운 눈보라와 비바람처럼 내뿜고 있었다. 아사리께서 갈고리 수인(手印)을 지어 코를 꿰어 움켜잡은 뒤, 밧줄로 묶어서 철장에 가두어 버렸다. 다시 금강령(金剛鈴)의 수인을 지어 몸과 마음을 두드리니 참지를 못하고, 쏙닝(生命)을 받치고 호법을 서약하자, 복장물을 부촉하였다."라고 하였다.

극진하게 예배하고 귀의하옵니다!

옴 아 훔 바즈라 구루 빼마 씻디 훔!

부처님의 지고한 정법의 가르침을
승리의 깃발처럼 당간에 매달 때
쌈얘는 인조가 아닌 천신의 작품
마침내 국왕의 심원을 성취하시고
세 가지 대인의 칭호를 받으시니
하나는 빠드마쌈바와(蓮花生)이며
하나는 초께도제(蓮花金剛)이시며
비밀존호는 도제닥뽀쨀(金剛勇武)!

대비로 저희에게 가피를 주시옵소서!
자애로 저희를 불지로 인도하옵소서!
밀의로 저희에게 성취를 주시옵소서!
대력으로 저희의 장애를 없애주옵소서!

외적장애는 밖에서 없애주옵소서!
내적장애는 안에서 없애주옵소서!

비밀장애는 법계서 없애주옵소서!
극진하게 예배하고 귀의하옵니다!

옴 아 훔 바즈라 구루 빼마 씻디 훔!

쌈얘의 침푸동굴에서 수행하실 때
역경을 물리치고 성취를 시여하여
군신들을 해탈의 길로 인도하시고
마도인 뵌교의 흑법을 멸망시키고
고귀하고 청정한 법신을 열어주어
선근자를 불지에 안치하신 인도자!

대비로 저희에게 가피를 주시옵소서!
자애로 저희를 불지로 인도하옵소서!
밀의로 저희에게 성취를 주시옵소서!
대력으로 저희의 장애를 없애주옵소서!

외적장애는 밖에서 없애주옵소서!
내적장애는 안에서 없애주옵소서!
비밀장애는 법계서 없애주옵소서!

극진하게 예배하고 귀의하옵니다!

옴 아 훔 바즈라 구루 빼마 씻디 훔!

티베트를 떠나 오갠으로 가신 뒤
현재 나찰을 제복하고 교화하며
인간을 초월한 위용이 놀라웁고
행위가 희유하여 크게 경이롭고
대력과 신통을 소유하신 대력자!

대비로 저희에게 가피를 주시옵소서!
자애로 저희를 불지로 인도하옵소서!
밀의로 저희에게 성취를 주시옵소서!
대력으로 저희의 장애를 없애주옵소서!

외적장애는 밖에서 없애주옵소서!
내적장애는 안에서 없애주옵소서!
비밀장애는 법계서 없애주옵소서!
극진하게 예배하고 귀의하옵니다!

옴 아 훔 바즈라 구루 빼마 씻디 훔!

몸말뜻 삼밀을 소유한 거룩한 인도자!
모든 장애를 끊고 삼계를 꿰뚫는 분!
최승성취를 얻으신 지고한 대락의 몸!
보리의 장애를 반드시 없애시는 지존!

대비로 저희에게 가피를 주시옵소서!
자애로 저희를 불지로 인도하옵소서!
밀의로 저희에게 성취를 주시옵소서!
대력으로 저희의 장애를 없애주옵소서!

외적장애는 밖에서 없애주옵소서!
내적장애는 안에서 없애주옵소서!
비밀장애는 법계서 없애주옵소서!
극진하게 예배하고 귀의하옵니다!

옴 아 훔 바즈라 구루 빼마 씻디 훔!
옴 아 훔 바즈라 구루 빼마 퇴텡쨀 바즈라 싸마야 자:
씻디 팔라 훔 아!

이 기원문은 또한 다툼을 여읜 시절 화신의 대복장대사인 오갠촉규르·데첸링빠(Orgyan mchog gyur bDe chen gliṅ pa, 1829~1870)가 다닌칼라롱(Zla ñin ka la roṅ)의 입구의 뺄첸뽀(dPal chen po)의 발아래서 발굴해서 모신 『라마툭둡바르채꾼쎌기섈담닝장이신노르부(上師深意成就諸障消滅敎誡精淨如意珠)』 가운데서 발췌한 「치쏠뎁끼둡빠(外祈願成就法)」이다.

이 또한 교화 유정들의 수행장애와 쇠락 등의 일체를 완전히 없애고, 모든 선한 일들을 성취하는 착한 원인이 되어 지이다! 망갈람!

6. 떼르뙨 데첸링빠의 뒤쑴쌍개마(蓮師三世佛)[93)]

삼세의 붓다이신 구루 빠드마쌈바와님!
모든 성취의 법주이자 대락의 지존자!
온갖 마장을 멸하는 대력의 항마존께
경건히 기원하오니 가피를 주시옵소서!
안과 밖과 비밀의 세 장애를 소멸하고
심원을 자연히 성취토록 가지하옵소서!

뒤쑴 쌍개 구루 린뽀체
응우둡 꾼닥 데와 첸빼샵
바르채 꾼쎌 뒤뒬 닥뽀쨀
쏠와 뎁쏘 진기 랍뚜쏠
치낭 쌍왜 바르채 시와당
쌈빠 휜기 둡빠르 진기롭

93) 본래는 제목이 없으나 원문의 뜻을 취해서 뒤쑴쌍개마(Dus gsum saṅs rgyas ma, 蓮師三世佛)라고 붙인 것이다.

이 짧은 기원문은 대복장대사 촉규르·데첸링빠(mChog gyur bDe chen gliṅ pa, 1829~1870)가 쎙첸남닥(Seṅ chen gnam brag)의 오른편에 있는 닥리린첸쩩빠(Brag ri rin chen brtsegs pa, 寶積岩山)에서 발굴하여 모시니, 때 맞춰 발굴된 이 기원문은 가피가 매우 큰 까닭에 모든 사람들이 염송토록 하라.

7. 구루 린뽀체의 이별가: 나는 가네![94)]

대아사리께서 말씀하셨다.

"아, 티베트의 군신과 백성들이여! 잠시 나 오갠의 구루 빠드마쌈바와의 말을 잘 듣도록 하십시오.

우리가 커다란 선업과 숙원과 대비의 힘에 의해서, 부처님의 몸·말·뜻의 교법이 지금 티베트 땅에서 햇살처럼 빛나고 있으며, 나의 법통을 전승하는 자들도 적지 않게 있습니다. 위로는 군신과 아래로는 백성들 모두가 법답게 행동하고, 국운과 불법이 함께 융성하고, 불법을 닦는 수행자들도 제 자리를 잘 지키고 있습니다. 라싸와 쌈얘 등을 비롯한 티베트 각처에서 정결한 믿음과 희원으로 불전에 공양을 올림이 성행해서 내가 있거나 있지 않거나 이제는 아무런 차이가 없습니다. 수많은 사찰과 수행처가 사방에 건립되고, 부처님의 몸·말·뜻 세 가지의 성물들이 안치되고. 가정의 여인들조차 해탈의 자유를 얻었습니다.

94) 원문은 '응아도(Ṅa ḥgro)'이며, 『빼마까탕(蓮花遺敎)』의 「제107장, 티베트를 떠나 나찰국으로 감」(사천 민족출판사, 1993, 成都, China)에서 발췌하였다.

그러므로 지금은 [내가 티베트를 떠난다고 해서] 소리 내어 슬피 울 때가 아닙니다. 나는 갑니다. 그대들이 건강하고 편안한 이 때 나는 나찰의 나라로 떠납니다. 후오백세의 혼탁한 세상이 오면 그 때 애타게 울부짖도록 하십시오. 티베트가 고난에 직면하는 시절이 도래하면, 그 때 티베트 사람들의 성정이 불법을 닦는 이들을 멸시하고 배척하며, 죄악을 자행하는 것을 찬양하게 됩니다. 그 악업의 결실이 무르익은 뒤 티베트의 복덕과 행운은 줄고 줄어 쇠퇴하니, 나 빠드마쌈바와조차 보호하기 어렵습니다. 그렇지만 잠깐씩 누리게 되는 평안도 또한 모두 나의 화신들이 출현해서 얻게 됩니다. 부정한 중생들은 교화하기 어려운 탓에 내가 직접 머물러 있을지라도 더는 조복하지 못합니다. 이제 중생을 교화하는 큰 사업을 한 차례 마쳤습니다.

이렇게 느릿느릿 지체하지 않으면서 전송의 행렬이 궁탕의 라까르에 도착하자, 왕자를 비롯한 신하와 백성들이 마지막 작별의 인사를 드렸다. 궁탕의 라까르에 머물고 있을 때 하늘에는 희고 붉고 노란 구름들이 솟아오르고, 무지개의 광명이 길게 뻗쳤다. 구름의 틈새로 말들의 왕인 청색의 준마 발라하[95]가 보석의 안장을 얹고, 고삐를 매고, 두 귀를 쫑긋

95) 발라하(Balāha)의 원명은 "말들의 왕인 구름처럼 가는 힘"을 뜻하는 발라하까쓰와라자누

세우고 이힝- 하고 소리를 지르고, 남녀의 천신들의 무리가 앞뒤로 빽빽하게 둘러쌓고, 각자의 손에 칠정보(七政寶)[96]와 팔길상(八吉祥)[97]을 들고, 다끼니 여신들이 갖가지 천상의 악

(Balāhakāśvarājanu)이다.

96) 칠정보(七政寶)는 원래 전륜왕이 지상이 출현하여 세상을 덕으로 다스리기 위해서 제석천으로부터 하사받는 7가지 성물을 말하며, 윤왕칠보(輪王七寶)라고도 한다. 여기서는 본서와 관련지어 『쌉최시토공빠랑돌쌉최시토공빠랑돌』의 「왕시태채랑돌기제끼림빠(一切受持四灌頂者自脫後次第)」에서 시여하는 칠정보(七政寶)의 관정의 논설을 요약하면 다음과 같다. ① 금륜보(金輪寶)는 허공, 풍, 불, 물, 땅, 견고, 요동, 무색계, 태양, 달의 십상(十相)을 갖춘 금륜(金輪)으로 윤회의 업취(業聚)를 끊은 뒤 해탈의 법륜을 굴리도록 하는 상징이다. ② 왕비보(王妃寶)는 복덕의 보고이자, 십바라밀을 완성한 아름다운 색신을 갖춘 왕비처럼, 수명과 수용과 심원을 자유로이 획득하는 힘의 성취를 상징한다. ③ 보주보(寶珠寶)는 3가지 보물을 갖춘 보주에 의해서 복혜(福慧)의 자량을 신속히 성취하고, 본래 타고난 칠성재(七聖財: 信. 戒. 聞. 捨. 懺. 愧. 慧)가 자라남을 상징한다. ④ 대신보(大臣寶)는 칠보를 소유한 대신처럼, 타인의 행복과 이익을 위해 복혜의 자량을 속히 원성하고, 모든 사물의 이치에 달통하는 지혜의 성취를 상징한다. ⑤ 장군보(將軍寶)는 적군을 무찌르는 장군처럼, 정진의 갑옷을 입고 윤회를 쳐부수고, 유신견(有身見)을 깨뜨림을 상징한다. ⑥ 준마보(駿馬寶)는 사대주(四大洲)를 하루에 세 바퀴 도는 준마처럼, 오도(五道)와 십지(十地)를 신속히 답파하여, 윤회의 바다에서 벗어나 해탈의 정토에 도달하는 사신족(四神足: 欲定斷, 心定斷, 勤定斷. 觀定斷神足)의 성취를 상징한다. ⑦ 대상보(大象寶)는 마군을 혼자서 멸하는 큰 코끼리처럼, 십력(十力)을 갖추고 자타의 의리를 수행하며, 비밀금강승의 진실을 깨달음을 상징한다.

97) 팔길상(八吉祥)도 요약하면 다음과 같다. ① 보산(寶傘)의 관정을 머리에다 시여해서, 과거 부처님들 머리에 보산을 장엄하였듯이, 번뇌의 번열로부터 지켜줌을 상징한다. ② 금어(金魚)의 관정은 오지(五智)의 오안(五眼)을 한 눈에 성취함을 상징한다. ③ 묘련화(妙蓮花)의 관정을 혀에다 시여해서, 연꽃처럼 윤회의 과실을 입지 않고, 청정한 묘법을 설하여 보임을 상징한다. ④ 해라(海螺)의 관정을 치아에다 시여해서, 여래와 같은 40개의 치아를 성취하고, 삼승(三乘)의 차별을 분변하여 지혜를 열어주는 미묘한 음성을 발출함을 상징한다. ⑤ 보병(寶瓶)의 관정을 목에다 시여해서, 불사의 지혜 감로수를 몸에 채워주어서 동자보병신(童子寶瓶身)[여래장(如來藏)]을 성취토록 함을 상징한다. ⑥ 길상결(吉祥結)의 관정을 심장에다 시여해서, 불가사의한 제불의 지혜의 힘을 마음의 흐름에 낳게 함을 상징한다. ⑦ 보당(寶幢)의 관정을 몸에다 시여해서, 마군과 장애의 일체로부터 승리하고, 삼계를 진압해서 불멸하는 정법의 상징인 보당과 같은 불신을 성취함을 상징한다. ⑧ 금륜(金輪)의 관정을 발에다 시여해서, 생사의 그물인 번뇌의 덩어리를 뿌리 채 자르고, 적

기를 연주하고 노래를 부르면서 영접하는 광경이 보였다.

이때 대아사리 빠드마쌈바와께서 군신과 백성들에게 다음과 같이 작별의 시를 노래하였다.

나는 가네! 대원경지의 정토로 가네!
대원경지(大圓鏡智)의 정토로 갈 때
분노의 적에게 화내지 않는 광명의 평원으로
법계와 각성의 모자가 헤어짐이 없이 벗이 되어 간다네![98]

나는 가네! 평등성지의 정토로 가네!
평등성지(平等性智)의 정토로 갈 때
윤회와 열반이 둘이 아닌 법계의 평원으로
본래성취의 본초불들과 벗이 되어 간다네!

나는 가네! 묘관찰지의 정토로 가네!

방의 사설을 파괴하여 정법을 세우고, 삼승의 법륜을 굴려서 중생을 교화하며, 불생의 진리를 영원히 현양함을 상징한다.

98) 법계(法界)와 각성(覺性)의 모자(母子)는 잉릭마부(dByiṅs rig ma bu)의 번역이다.

묘관찰지(妙觀察智)의 정토로 갈 때
탐욕의 벗에 애착 않는 안락의 평원으로
무위의 정견의 벗들과 벗이 되어 간다네![99]

나는 가네! 성소작지의 정토로 가네!
성소작지(成所作智)의 정토로 갈 때
질투의 적에게 탐착 않는 무착의 평원으로
제법편진처로 안내자와 벗이 되어 간다네![100]

나는 가네! 법계성지의 정토로 가네!
법계성지(法界性智)의 정토로 갈 때
무지의 잠에 빠지지 않는 무수(無修)의 평원으로[101]
무지개와 빛과 빛살과 벗이 되어 간다네!

나는 가네! 갖가지 견해를 버리고 가네!

99) 무위(無爲)의 정견(正見)은 자르메따와(Byar med lta ba)의 번역이다.

100) 이 구절은 원문은 "낭씨쌔싸르껠당독내도(sNaṅ srid zad sar skyel daṅ ḥgrogs nas ḥgro)"이니, 모든 제법이 완전히 멸진한 곳(諸法遍盡處)이란 곧 법신 또는 법성을 말하며, 대원만 교의에서 설하는 낭와시(sNaṅ ba bshi, 四相) 가운데 법계편진상(法界遍盡相)을 말한다. 다시 말해, 세간의 모든 현분(現分)이 대광명의 명점(明点) 속으로 녹아들어, 망심으로 세운 모든 제법이 법성의 경계 속으로 용해됨으로써, 법성이란 것조차도 얻지 못하는 완전한 멸진의 경지에서 법신을 증득하는 것을 말한다.

101) 무수(無修)는 곧 닦음이란 수행의 행위가 끝난 무학(無學)의 경지이다.

갖가지 견해을 버리고 갈 때
주야로 닦음이 없어 일어남이 없이 간다네!

나는 가네! 갖가지 수행을 버리고 가네!
갖가지 수행을 버리고 갈 때
수행의 적인 침도에서 벗어나 간다네![102)]

나는 가네! 갖가지 행위를 버리고 가네!
갖가지 행위를 버리고 갈 때
소지계에 어리석지 않고 일체를 알고 간다네![103)]

나는 가네! 갖가지 증과를 버리고 가네!
갖가지 증과를 버리고 갈 때
보리를 현증하여 붓다가 되어 간다네!

나는 가네! 서남방의 나찰 땅으로 가네!
붉은 얼굴의 나찰들을 교화하려 갈 때

---

102) 침도(沈掉)는 선정의 두 적인 마음의 침몰(沈沒)과 좋아하는 바깥의 대상으로 마음이 움직이는 도거(掉擧)를 말한다.

103)소지계(所知界)는 인식의 대상이 되는 일체의 사물을 말하며, 심신을 비롯한 일체의 대상에 대하여 그 실상을 오류가 없이 완전하게 깨달아 아는 붓다의 지혜를 말한다.

모든 중생을 안락 속에 들여놓고 간다네!

나는 가네! 적동산의 연화광전으로 가네![104)]
상서로운 적동산의 연화광전으로 갈 때
모든 나찰을 불법에 귀의시키고 간다네!

국왕과 신민들은 오래오래 평안하소서!
대비가 끊임없으니 언제나 기원하소서!

이렇게 "나는 가네!"의 작별의 시를 노래한 뒤, 자단나무로 만든 말안장에 올라 발걸이에 발을 올려놓고, 하늘 위로 넉자쯤 천마가 뛰어 오르자, 군신들 모두가 크게 놀라고 슬피울고 펄쩍 뛰면서 말을 잡으려고 하였다. 이에 구루 빠드마쌈바와께서 얼굴을 돌려 그들을 바라보며, 다시 이와 같이 노래하였다.

잘 경청하라. 티베트 군신과 백성들이여!

---

104) 적동산(赤銅山)의 연화광전(蓮花光殿)은 구루 빠드마쌈바와(蓮花生)가 머무는 화신불의 무량궁전의 이름이다.

입과 눈이 분주하고 산란이 만연하여
고통이 닥쳐도 전혀 법을 생각 않는다.
실로 기억해야 할 것이 바로 그것이니
이생의 욕망을 훌훌 털어버리도록 하라!
정녕 윤회를 버리길 원하면 나를 따라오라!
참된 행복의 길은 이 밖에 달리 없다!

믿음이 죽 끓듯 변덕스런 설원사람이여!
낮에는 세사에 매달려 마음이 산란하고
밤에는 무명의 깊은 잠 속에 떨어지고
중간엔 먹고 입는 잡사에 얽혀 분망하다.
희희낙락 속에 짧은 삶이 문득 끝나니
나와는 애초 견해와 행위가 같지 않다.
정녕 세상사 버리려면 나를 따라오라!
불법을 닦는 길이 이 밖에 달리 없다!

설원의 정진자여! 이생은 실로 지중한데
오늘 내일하는 가운데 이 삶은 끝나고
지금 죽을지라도 전혀 법을 생각 않는다.
실로 기억해야 할 것이 바로 그것인데

재물과 식량을 쌓기 바빠 잊고 지낸다.
모두를 놓고 감을 알면 나를 따라오라!
인색함을 버리는 길은 이 밖에 달리 없다!

티베트엔 생각과 행실이 나쁜 자가 많아
적방은 가차 없이 없애고 친구를 감싸고
육신이 늙어가도 전혀 법을 생각 않으니
정녕 돕는 일은 법을 기억하는 그것인데
명리를 쫓는 일에 얼굴 붉히고 씨근댄다.
홍진의 고향을 버리려면 나를 따라오라!
수행마장을 없애는 길은 이 밖에 달리 없다!

탐욕의 구덩이 같은 설원의 티베트 도시
하나 둘씩 아무도 되살아나지 못한 채
벗들이 죽어가도 전혀 법을 생각 않는다.
가져갈 보물은 법을 기억하는 그것인데
허무한 세사에 얽혀 인고하며 살아간다.
염리의 슬픈 맘 솟아나면 나를 따라오라!
애착을 버리는 길은 이 밖에 달리 없다!

생각이 대경을 쫓아 밖으로 달리지 않고
명지로 바르게 결단해서 나를 따라오라![105]
대락의 연화궁으로 나 연화생은 떠나니
이제 전송을 멈추고 고향으로 돌아가라.
만남도 이별도 없으니 슬퍼하지 말라.
나와 다시 만나니 나의 뒤를 응시하라!
보이지 않으면 선정에 들어 응시하라!
거듭거듭 응시하라. 산란 없이 응시하라!

날이 밝으면 대비 관세음보살을 닦고
해가 지면 나 빠드마쌈바와를 닦으라!
속법을 닦아선 불법이 자라지 않으니
세상사를 버리도록 하라. 군신들이여!

이렇게 노래한 뒤, 천마에 올라 사부족(四部族)의 용사들이 고삐를 끄는 가운데, 무지개와 광명이 아름답게 서린 하늘 속

105) 명지(明智)로 여실히 결단함이란 대원만 교의의 낭와시(sNaṅ ba bshi, 四相) 가운데 명지여량상(明智如量相)을 말한다. 먼저 사상(四相)은 유학도(有學道)에서 무학도(無學道) 사이의 깨침의 단계를 법성현전상(法性現前相), 증오증장상(證悟增長相), 명지여량상(明智如量相), 법계편진상(法界遍盡相)으로 구분한 것이며, 명지여량상(明智如量相)은 "릭빠채펩끼낭와(Rig pa tshad phebs kyi snaṅ ba)"의 역어이다. 의미는 "광명의 명점(明点)이 불신으로 성숙 개화됨을 명지(明智)로 정확히 요지함으로써, 삼신(三身)을 통달하는 도위의 광명을 초월하는 것을 말한다.

으로 날아가자, 국왕을 비롯한 신민들이 뜨거운 모래밭에 던져진 물고기처럼 침식을 잊고 궁탕의 라까르에 머물렀다.

그 뒤 국왕과 신민들이 망율(Maṅ yul)의 찌동롱탕(sPyi groṅ roṅ thaṅ)으로 내려와 쑈징(Śo rdziṅ) 호숫가에서 25일간을 지내며 선정에 들었다. 낮에 오갠의 아사리께서 떠나신 뒷모습을 바라보자, 저 멀리 햇살 틈새로 까마귀 크기 정도의 움직이는 물체가 반짝거리며 가고 있는 것이 보였다. 그 뒤 점점 작아져 비둘기 크기에서 참새만큼 작아지고, 다시 꿀벌만큼 작아지더니 나중에는 서캐만큼 작아져서 더 보고자 해도 보이지 않았다. 그래서 선정에 들어서 보고자 애써도 보이지 않더니, 저녁 무렵 엷은 햇살 속으로 인도를 거의 지나서 오디야나 땅에 못 미쳐 잠부싸리(ḥdzam bu za ri)라 부르는 산자락에 도착하여 쉬고 계시는 것을 선정 속에서 보았다.

다음날 아침 선정 속에서 나찰의 땅인 씽갈라(Siṅghala, 僧伽羅)의 도읍인 철성(鐵城) 부근의 짬빠까(Tsam pa ka, 補骨脂) 나무의 그늘 아래 쉬고 계심을 보았다. 마왕 발라하가 금모래밭에서 뒹구는 모습과 약왕(藥王) 씨따싸와(Si ta za ba)를 보았다. 또 구루 빠드마쌈바와 앞에 젊고 아리따운 천명의 나찰소녀들이 모여들고, 아사리의 몸에서 발산되는 진리의 빛이 몸에 닿자 믿음을 일으키는 것을 보았다. 남녀의 나찰들이 운집한 성문이 없는 철성(鐵城)에서 구루 빠드마쌈바와께서 나찰의 왕 퇴탱짤(Thod ḥphreṅ rtsal, 髑髏珠鬘力)이 되자, 모든 나찰들이 예배하며 공경하는 것을 보았다. 그 뒤 군왕과 신료와 백성들이 함께 멀리서 그곳을 향해 예배를 드린 뒤 각자 귀향하였다.

8. 적동산왕생발원: 적동산으로 가는 비밀의 길[106)]

옴 아 훔 바즈라 구루 빼마 씻디 훔!

본성이 청정한 사유를 초월한 원초의 공간
밝고 빛나는 불멸의 공락의 보신의 활력
화신의 정토이자 우리 사바세계의 일부인
상서로운 적동산 연화광전에 태어나지이다!

남섬부주의 중심 인도 마다가의 금강보좌
삼세의 부처님께서 법륜을 굴리시는 성지
그곳의 서북방의 해도(海島)인 응아얍(拂洲)
상서로운 적동산 연화광전에 태어나지이다!

자연형성된 산정이 심장 모양을 닮은 땅
산뿌리는 안지용왕의 사관(蛇冠)에 닿고
산허리엔 몸없는 다끼니들이 회공(會供)에 모이고

---

106) 원문은 "쌍독빼리이묀람빨리이쌍람셰자와쓕(bZaṅ mdog dpal riḥi smon lam dpal riḥi gsaṅ lam shes bya ba bshugs)"이며, 저자는 릭진·직메링빠(Rig ḥdzin ḥJigs med gliṅ pa)이다.

산정이 색계의 범천의 하늘을 찌를듯한
상서로운 적동산 연화광전에 태어나지이다!

그 산왕의 정상에 무량궁전이 있으니
동쪽산면은 백수정에 남면은 황유리
서쪽산면은 홍영석에 북면은 녹보석
안팎이 차별 없는 투명한 무량궁전
상서로운 적동산 연화광전에 태어나지이다!

복도와 모서리, 난간과 방옥 사이에는
무지개가 서려있고 영락과 반영락과
첨병(檐瓶)과 옥상의 담장과 문장식과
하마대(下馬臺)와 법륜과 보산(寶傘)과
용마루 장식과 상징과 의미가 구족된
상서로운 적동산 연화광전에 태어나지이다!

여의수와 감로샘과 푸른 초지와
약초의 향기가 솟아나는 가운데
선인과 지명과 새떼와 꿀벌들이
삼승의 법음과 상징의 도가를 노래하는

상서로운 적동산 연화광전에 태어나지이다!

광대한 무량궁전의 중앙에 마련된
팔각의 보좌 위 일월의 자리 위에
제불이 회집한 자생의 연화존자가
삼신 등의 모임과 무지개 속에 계시는
상서로운 적동산 연화광전에 태어나지이다!

그의 깊고 빛나는 대락의 지혜 활력이
공성과 대비로 출현하는 신통변화로
시방의 모든 곳과 특별히 티베트 땅에
백천만의 화신들을 막힘없이 나투시는
상서로운 적동산 연화광전에 태어나지이다!

오른쪽 대열엔 인도 티베트의 지명자들이
금강광명의 유희하는 모습으로 무변하고
왼쪽의 대열엔 인도 티베트의 성취자들이
강설수행과 깨침의 토론소리가 떠들썩한
상서로운 적동산 연화광전에 태어나지이다!
주변과 중간엔 티베트 군신 이십오 인과

화신의 복장대사와 성취자의 무리들이
구승(九乘)의 교법의 법륜을 굴리시고
의불변이정(意不變異釘)의 금행을 닦으시는[107)]
상서로운 적동산 연화광전에 태어나지이다!

사방과 팔방과 모서리와 중간회랑에는
용사와 다끼니와 천녀들이 빽빽하고
금강의 노래와 춤이 신기루처럼 일렁이고
안과 밖과 비밀의 구름공양을 올리는
상서로운 적동산 연화광전에 태어나지이다!
그위의 보신의 미려한 무량궁전 안에는

107) 여기서 '의불변이정(意不變異釘)'의 원문은 '요메공빼쎄르(gYo med dgoṅs paḥi gzer)'의 옮김이다. 여기서 '공빼쎄르(dGoṅs paḥi gzer)'의 뜻을 『장전밀종사전(藏傳密宗辭典)』에서, "의취의 대못은 적정과 분노의 신들이 완전히 갖추어진 대길상의 자기의 마음 이외에 별도로 없고, 루뜨라(Ruṭra)도 역시 달리 없으니 자기의 마음이다. 마음이 공적함이 법신이며, 명징하고 멈춤이 없는 것이 보신이며, 갖가지로 스스로 출현하는 것이 화신이다. 현분(現分)이 부존이고, 공분(空分)이 모존이며, 현분과 공분이 둘이 아님이 지혜신(智慧身)이며, 사념과 분별이 무량해도 또한 완전히 갖추어진 대길상의 자기의 마음의 권속이며, 불가사한 본초불도 마음의 자성에서 동요함이 없다. 불변의 의취의 대못이 없으면 대길상을 성취해도 또한 공통성취에서 벗어나지 못하고 최승성취를 얻지 못하고 루뜨라로 전락한다."라고 닝귀(rÑiṅ rgyud) 뺄상와뒤빼귀(dPal gsaṅ ba ḥdus paḥi rgyud)를 인용해서 설하였다.
또한 "의불변이정(意不變異釘)은 폐기사정(閉氣四釘)의 하나로 법성의 청정과 평등과 대공(大空)을 깨달은 견해로 아래로는 윤회하는 단계에서 마음의 습기를 정화하고, 위로는 성불할 때 인위(因位)의 일체종지의 불가사의한 결과를 구족하고, 중간의 도위(道位)에서는 명락무분별(明樂無分別, bDe gsal mi rtog pa)의 원만차제를 성숙시킨다."라고 장한대사전(藏漢大辭典上卷)에서 설하였다.

세간자재주이신 연화수(蓮花手)보살님을
작은 만다라의 무량한 권속이 에워싸고
분별과 습기의 사마와 원적을 분쇄하는
상서로운 적동산 연화광전에 태어나지이다!

그위의 법신의 환희로운 정토에는
인위(因位)의 지혜의 정수인 싸만따바드라께서
아미타같은 각성의 권속에게 부호법을 설하시는[108)]
스승과 권속의 의취가 평등한 사업처인
상서로운 적동산 연화광전에 태어나지이다!

사대문에서 하명을 받드는 사천왕과
안과 밖과 비밀의 팔부신중 모두를
파견한 뒤 외도와 사귀를 제복하고
바다같은 호법신중이 승전고를 울리는
상서로운 적동산 연화광전에 태어나지이다!

그같이 정토광경을 명료히 관상한 뒤

108) 부호법(符號法, brDa chos)은 말을 통해서 법을 설하는 것이 아니라 몸짓과 같은 부호를 보여서 의미를 깨닫게 하는 것을 말한다. 예를 들면, 붓다께서 몸의 몸짓으로 그 의미를 알도록 지시하는 밀의부호어(密意符號語, dGoṅs pa rdaḥi gsuṅ)와 같다.

외경인 상서로운 적동산의 광경을
유경인 내심으로 기원한 그 힘으로
자기 몸이 우리의 사바세계 안에서
적동산으로 출현하는 현상을 현증하여지이다!

특별히 생원차제의 심오한 복분으로
삼맥과 오륜의 맥결(脈結)이 풀린 뒤
심장의 가운데 적동산 무량궁전에서
구생지혜의 유희의 힘을 구족한 뒤
나의 각성이 연화금강과 만나지이다!

자량과 가행, 견도와 수도, 무학의 오도(五道) 가운데
환희지에서 보광불지(普光佛地)에 이르기까지와
그보다 뛰어난 금강승의 이지(二地)와
특별히 광명대원만(光明大圓滿)의
비공통의 지혜상사지(智慧上師地, Ye ses bla maḥi sa)를
무위와 내려놓음의 상태에서 구족한 뒤
인위의 법계 연화광명 가운데 해탈하여지이다!

만약 의취의 힘을 구족하지 못하면

강렬한 기원과 발원의 이끌어줌으로
어느 때 업중한 죽음이 일어날 때
연화생의 사신 다끼니 가르캔마(Gar mkhan ma)가
실제로 손으로 붙잡은 뒤
카르첸싸와 구나나타처럼[109)]
저 역시 연화광전으로 데려가지이다!

청정한 법계의 진실과
삼보의 대비의 바다로
나의 발원을 뜻대로 이룬 뒤
유정을 인도하는 도사가 되어지이다!

이 또한 본성이 화신의 정토와 차별이 없는 응아얍(拂洲)의 수승한 연화광명의 무량궁전으로 가는 발원문 "적동산으로 가는 비밀의 길"이라 부르니, 금강불모(金剛佛母의 구전)을 닦는 유가사 다르마끼르띠(法稱)의 심원을 채워준 길상하신 오갠의 왕이신 구루 빠드마쌈바와의 부모양존의 대비의 월광이 마음에 떨어지는 가피로 말미암아, 광명대원만의 현증의

109) 여기서 카르첸싸(mKhar chen bzaḥ)는 성취녀 예시초걀(智海王)를, 구나나타(Guṇanātha)는 성취자 유톡·왼땐곤보(gYu thog Yon tan mgon po)이다.

핵심을 수습하는 유가사인 헤루까·빠드마왕첸(Padma dbaṅ chen)이 쌈애의 침푸의 색구경천의 다끼니의 집회소인 백화굴(百花窟)에서 폐관수행할 때 지었다.

9. 연사기원문: 성취여의우연회(成就如意牛宴會)[110)]

금강의 마음은 원초의 지혜의 법계
만남과 이별이 있지 않은 빼마퇴텡쨀
편주(遍主)와 불이의 거룩한 스승님께[111)]
지심으로 기원하오니 가지하옵소서!

당신의 몸을 보는 것만으로 범속한 착란심이 멈추고
비밀의 음성을 듣는 것만으로 대락의 지혜가 생기며
억념하는 것만으로 윤회와 열반의 두려움을 없애는
유일한 아버지 스승님을 부르오니 자애로 살피옵소서!

의지할 곳 없는 저와 저 같은 불쌍한 중생이
괴로운 윤회의 바다에 침몰하여 신음하오니

---

110) 원문은 "라마오갠린뽀체라쏠뎁묀람두자와응오둡되조이가뙨셰자와슉쏘(Bla ma Orgyan rin po che gsol ḥdebs smon lam du bya ba dṅos grub ḥdod ḥjoḥi dgaḥ ston shes bya ba bshugs so)"이며, 저자는 릭진·잠양켄쩨왕보(Rig ḥdzin ḥJam dbyaṅ mkhyen brtseḥi dbaṅ po)이다.

111) 편주(遍主, Khyab bdag)는 지금강불(持金剛佛)을 뜻하니, 백부종성(百部種性)과 오종성불(五種性佛)과 삼부의호주(三部依怙主) 등의 모든 부족에 두루 미침으로써 편주라 한다.

구호자 당신밖에는 다른 귀의처가 없사오니
이 정결한 기원사를 신속하게 얻게 하옵소서!

이생에서 일어나는 질병과 마장의 해악 등과
불법의 수행을 막는 역연들 모두가 소멸하고
수명과 복덕, 재부와 교증(教證)의 공덕 등의[112)]
모든 순연과 원만묘선이 자라나게 하옵소서!

출리심과 보리심이 단련되어 구경에 도달하고
현상과 소리와 각성이 본존과 진언과 법신으로 출현하여
본래청정과 자연성취의 금강의 지름길을 통해
최승의 성취를 제가 얻도록 가지하옵소서!

만약 이생에서 성취의 구경에 이르지 못하면
죽음의 정광명의 현존이신 구루 빠드마쌈바와
당신을 면견한 뒤 분리됨이 없는 수호력으로
자성의 법신의 법계에서 해탈하게 하옵소서!

거기에서 이현의 착란의 힘에 떨어져

112) 교증(教證)은 교법과 증법의 둘을 함께 부르는 용어로 교법은 십이부경(十二部經)을 증법은 계학(戒學)과 정학(定學)과 혜학(慧學)의 삼학(三學)을 말한다.

재생의 바르도의 광경이 출현할 때
은혜로운 스승님 연화금강과 용사와
다끼니들의 성중이 앞에서 맞이하고

음악소리와 하늘의 꽃비가 내리듯이
'아들이여! 적동산 이곳으로 오라.'고
이름을 부른 뒤 예언하고 향락의 땅
연화광전의 정토로 인도하여 주옵소서!

그곳에서 지명과 다끼니들의 무리와 함께
항상 대원만의 묘승(妙乘)의 법을 수행하고
대비밀의 대원만의 성숙해탈에 정통하고
의지해 사신(四身)의 경지를 속히 얻게 하옵소서!

차별 없이 붓다의 교법이 퍼지고 융성하고
뛰어난 교법대사들의 수명이 백겁에 이르고
티베트의 한때의 쇠락이 모두가 소멸하고
새로운 원만시의 연회가 풍성하게 하옵소서![113)]

113) '새로운 원만시(圓滿時)'는 깔라짜끄라딴뜨라(時輪續)에서 설하는 후원만시(後圓滿時)를 말하는 것 같다.

요약하면 지금부터 보리장에 이를 때까지
길상하신 스승님의 여의주와 같은 두 발이
제 심장의 연꽃 속에서 떠남 없이 계시면서
윤회와 열반의 묘선이 풍성한 길상을 주옵소서!

이 또한 삼세를 아시는 오갠린뽀체의 가피로 용사와 다끼니의 무리가 자연적으로 모여드는 성소인 티베트의 오대산의 산허리에 있는 닥마르쌍약(Brg dmar zaṅs yag)의 남카종(Nam mkhaḥ rzṅo)에서 경술년(庚戌年, 1850년) 정월, 달이 차오르는 열흘날, 공통의 회공(會供)을 올릴 때, 일체지자이신 스승님을 기쁘게 해드리는 시종인 릭진·잠양켄쩨왕뽀(Rig ḥdzin ḥJam dbyaṅ mkhyen brtseḥi dbaṅ po)가 기원하니, 기원한 그대로 이루어지도록 가지하옵소서! 싸르와망갈람!

부록

1. 구루 빠드마쌈바와 진언의 공덕해설[114)]

옴 아 훔 바즈라(벤자) 구루 빠드마(빼마) 씻디 훔!
아 나자 싸마와 샤마르 가르마 바즈라 구루 데와 다끼니 훔!

스승님과 본존과 다끼니의 세 근본존께 정례하옵니다.

범속한 여인 나 예시초걜(智海王)은 구루 빠드마쌈바와(蓮花生)께 안과 밖과 비밀의 세 만다라를 성대하게 올리옵고 다음과 같이 간청하옵니다.

"오! 대아사리 구루 빠드마쌈바와(蓮花生)시여! 저희들 티베트의 모든 유정에게 금생과 후생의 이익과 행복을 광대하게 베푸시니 참으로 그 은혜가 막중하오니, 당신보다 더 큰 은혜로운 자는 일찍이 과거에도 없었고 또한 미래에도 있지 않을 것입니다. 당신께서 수행의 심요를 내려주심을 제가 비록 소

114) 이것은 복장대사(伏藏大師) 까르마·링빠(Karma lgiṅ pa)가 발굴한 『뚤꾸까르마링빼떼르죈바즈라구뤼팬왼당두델(sPrul sku karma lgiṅ paḥi gter byon Vajra guruḥi phan yon daṅ ḥbru ḥbrel)』이며, 직메·타르친(ḥJigs med thar phyin)의 『육자명주·금강상사주공덕등(六字明呪·金剛上師呪功德等)』에서 발췌하였다.

견 좁은 여자의 몸일지라도 또한 의심이 없습니다.

특히 미래세의 중생들은 심사가 어지럽고 성정이 난폭하여 정법을 바로 알지 못하고 전도되게 바라보며, 지고한 비밀진언의 가르침을 훼방하게 됩니다. 그때 모든 유정에게 질병과 기근과 도병(刀兵)의 세 가지 액난이 만연하고, 특히 인도와 티베트와 중국의 세 나라는 마치 개미집이 허물어짐과 같이 무너집니다. 이렇게 티베트의 민중들이 도탄 속에 빠지는 시절이 오게 되고, 또 그것을 방지하는 갖가지 방책들도 허다히 설하였습니다.

미래의 중생들은 수행의 여가도 없으며, 설사 좀 닦고자 마음을 낸 자들은 또한 커다란 장애를 만나게 됩니다. 유정들은 서로가 화합하지 못하고, 필요한 재물과 행실들을 갖추지 못합니다. 그와 같은 악한 세상은 진실로 물리치기가 쉽지 않습니다. 만약 그러한 혼탁한 세상에서 지존한 당신의 심법인 12음절의 '바즈라 구루 만뜨라'를 일심으로 닦으면 어떠한 공덕들이 있게 됩니까? 미래의 하열한 유정들의 이익을 위하여 직접 설하여 주시옵소서!"

대아사리 구루 빠드마쌈바와께서 말씀하셨다.

"아, 믿음을 갖춘 여인이여! 그대의 물음은 참으로 진실하도다. 미래의 그와 같은 시절에 [바즈라 구루 만뜨라를] 닦는 중생들에게는 현생에서뿐만 아니라 [최후유(最後有)의] 구경에 이르기까지 공덕이 또한 반드시 있게 된다. 이미 나는 무량한 수행의 구결들과 행법들을 지복장(地伏藏)과 수복장(水伏藏)과 암복장(岩伏藏)과 허공복장(虛空伏藏) 등을 통해서 허다하게 은닉하였다. 그와 같은 악세에서는 법연을 지닌 자들 또한 방편의 인연들을 갖추기가 지극히 어려우니, 그것은 중생들의 복덕이 소진한 표상이다. 그렇지만, 그러한 시절에도 바즈라구루(金剛上師)의 정수인 이 진언을 성지와 사원, 산정과 강변이거나, 신귀(神鬼)와 이매(魑魅) 등이 출몰하는 길거리 등지에서 서언을 준수하는 진언사나 율의를 수호하는 출가자나 또는 신심이 돈독한 거사이거나, 현숙한 여인 등이 크게 보리심을 발한 뒤, 백번 천번 만번 또는 십만 번 천만 번 일억 번 등을 힘닿는 대로 염송하면 그 공덕과 증험이 불가사의하다.

그 지역 전체에 질병과 기근과 도병의 셋과 전쟁과 흉년과 흉조와 괴이한 이변 등의 일체가 소멸하고, 비와 바람이 유순하고 풍년이 들고 가축이 번성하며, 길상하고 태평하게 된다. 또 금생과 후생과 바르도(中陰)의 세 험로에서 상근은 실제로, 중근은 마음의 느낌 속에, 하근은 꿈속에서 나와 자주자주 만나게 되고, 십지(十地)와 오도(五道)를 차례로 섭렵한 뒤, [남섬부주의 서쪽 섬 응아얍] 짜마라(拂塵洲)의 쌍독뻴리(赤銅山)에 있는 빠드마위마나(蓮花光) 정토에서 남녀의 위드야다라(持明者)의 대열에 참여하게 됨은 의심할 여지가 없다.

만약 날마다 백회씩 끊임없이 염송하면 또한 타인이 즐거워하게 되고, 재물과 식량 등의 가산이 어려움 없이 모여든다. 천 번 또는 만 번 등을 염송하면 타인의 위세를 제압하고, 가지(加持)와 주력(呪力) 등을 막힘없이 성취한다. 십만 번과 천만 번 등을 염송하면 삼계를 제복하고, 천상과 인간과 용(龍)들의 삼세간을 조복하고, 신귀(神鬼)를 복종시키고 부리며, [증익과 식멸과 회유와 주살의] 사업(四業)의 일체를 걸림 없이 획득하고, 모든 유정을 위하여 발원하는 바대로 무량한 이타의 선행을 할 수 있게 된다.

만약 3천만 번 또는 7천만 번 등을 염송하면 삼세의 붓다들과 분리됨이 없고, 또한 나와 분리됨이 없어서 천룡팔부의 일체가 복종하고 찬양하며, 무엇을 분부하던 그 일들을 성취하게 된다. 또 상근은 이생에서 무지개의 몸(虹身)을 얻고, 중근은 임종의 순간에 모자광명(母子光明)의 합일을 이루며, 하근은 바르도(中有)의 상태에서 나의 모습을 본 뒤 바르도의 환상들이 자연히 소멸하고, 응아얍의 빠드마위마나(蓮花光) 정토에 태어난 뒤 무량한 이타의 사업을 행하게 된다.”

예시초걜(智海王)이 다시 여쭈었다.

“대아사리시여! 이와 같은 무량한 공덕과 증험을 널리 설하여 주시니 은혜가 참으로 크옵니다. 미래의 유정들의 이익을 위해서 ‘바즈라 구루 진언’의 자구(字句)를 해설한 공덕과 신력이 또한 무량할지라도 간략하게 그것을 설명해 주시길 간청하옵니다.”

대아사리께서 다음과 같이 말씀하셨다.

“오, 착한 여인이여! 이 바즈라 구루의 진언은 나 혼자만의 정수가 아니다. 이것은 모든 본존(本尊)과 사부(四部) 딴뜨라와 구승(九乘)의 교법과 팔만사천법문의 생명이자, 삼세의 모든 여래와 스승과 본존과 다끼니와 수호신들의 정수가 여기에 다 갈무리되어 있다. 그 이유가 어떠한 것인가 하면, 이제 이것을 설하고자 하니 그대는 잘 경청해서 마음에 기억도록 하라! 염송토록 하라! 서사토록 하라! 미래세의 유정들에게 설하여 보이도록 하라!

1) 삼밀(三密)과 오불(五佛)의 정화임

옴 아 훔 바즈라 구루 빠드마 씻디 훔!

옴 아 훔 셋은 여래의 신밀(身密)·구밀(口密)·의밀(意密)의 3가지 정수이며, 바즈라(벤자)는 금강부족(金剛部族)의 정수이며, 구루는 보생부족(寶生部族)의 정수이며, 빠드마(뻬마)는 연화부족(蓮花部族)의 정수이며, 씻디는 갈마부족(羯磨部族)의 정수이며, 훔은 여래부족(如來部族)의 정수이다.

2) 삼신(三身)과 이담(本尊)과 위드야다라(持明者)들의 생명임

옴 아 훔 바즈라 구루 빠드마 씻디 훔!

옴은 오불여래의 원만한 수용을 갖춤을, 아는 법신의 불변성을 갖춤을, 훔은 화신이 구루에게 갖춰짐을, 바즈라(벤자)는 헤루까(飮血金剛)의 성중이 갖춰짐을, 구루는 스승과 위드야다라(持明者)의 성중이 갖춰짐을, 빠드마(뻬마)는 다까(空行)와 위라(勇士)의 성중이 갖춰짐을, 씻디는 재신(財神)과 복장물(伏藏物)을 수호하는 선신들의 생명을, 훔은 모든 호법성중의 생명을 뜻한다.

3) 삼장(三藏)과 모든 딴뜨라(密續)들의 생명임

옴 아 훔 바즈라 구루 빠드마 씻디 훔!

옴 아 훔 셋은 삼부(三部) 딴뜨라의 생명을, 바즈라(벤자)는 율장(律藏)과 경장(經藏) 2가지의 생명을, 구루는 아비달마(對法藏)와 끄리야딴뜨라(事續) 2가지의 생명을, 빠드마(뻬마)는 우빠딴뜨라(兩具續)와 요가딴뜨라(瑜伽續) 2가지의 생명을, 씻디는 마하요가(大瑜伽)와 아누요가(隨類瑜伽) 2가지의 생명을, 훔은 대원만(大圓滿)의 아띠요가(最極瑜伽)의 생명을 뜻한다.

4) 삼독(三毒)과 오독(五毒)을 정화함

옴 아 훔 바즈라 구루 빠드마 씻디 훔!

옴 아 훔 셋은 삼독(三毒)에서 생긴 장애가 깨끗하게 됨을, 바즈라(벤자)는 분노에서 생긴 장애가 깨끗하게 됨을, 구루는 교만에서 생긴 장애가 깨끗하게 됨을, 빠드마(뻬마)는 탐욕에서 생긴 장애가 깨끗하게 됨을, 씻디는 질투에서 생긴 장애가 깨끗하게 됨을, 훔은 번뇌에서 생긴 장애가 깨끗하게 됨을 뜻한다.

5) 삼신(三身)과 오지(五智)를 성취함

옴 아 훔 바즈라 구루 빠드마 씻디 훔!

옴 아 훔 셋은 법·보·화의 삼신(三身)의 성취를, 바즈라(벤자)는 대원경지(大圓鏡智)의 성취를, 구루는 평등성지(平等性智)의 성취를, 빠드마(빼마)는 묘관찰지(妙觀察智)의 성취를, 씻디는 성소작지(成所作智)의 성취를, 훔은 지혜에서 형성된 일체[법계체성지(法界體性智)]의 성취를 뜻한다.

6) 선악의 신귀들을 제압함

옴 아 훔 바즈라 구루 빠드마 씻디 훔!

옴 아 훔 셋은 선신과 악신과 인간의 셋을 제압함을, 바즈라(벤자)는 건달바와 화신(火神)의 귀물들을 제압함을, 구루는 염라왕과 나찰의 귀물들을 제압함을, 빠드마(빼마)는 수신(水神)과 풍신(風神)의 귀물들을 제압함을, 씻디는 야차와 왕댄(dbaṅ ldan, 自在天)의 귀물들을 제압함을, 훔은 요성(妖星)과 지신(地神)의 귀물들을 제압함을 뜻한다.

7) 육바라밀과 사업(四業)을 성취함

옴 아 훔 바즈라 구루 빠드마 씻디 훔!

옴 아 훔 셋은 육바라밀의 성취를, 바즈라(벤자)는 모든 식멸업(熄滅業)의 성취를, 구루는 모든 증익업(增益業)의 성취를, 빠드마(빼마)는 모든 회유업(懷柔業)의 성취를, 씻디는 모든 사업의 성취를, 훔은 모든 주살업(誅殺業)의 성취를 뜻한다.

8) 세간의 모든 저주를 물리침

옴 아 훔 바즈라 구루 빠드마 씻디 훔!

옴 아 훔 셋은 사문과 뵌교도의 저주를 물리침을, 바즈라(벤자)는 지혜의 신중들의 저주를 물리침을, 구루는 팔부신중들의 저주를 물리침을, 빠드마(빼마)는 세속신귀들의 저주를 물리침을, 씻디는 용과 지신의 저주를 물리침을, 훔은 신귀와 인간의 3가지 저주를 물리침을 뜻한다.

9) 오독(五毒)의 마군을 파괴함

옴 아 훔 바즈라 구루 빠드마 씻디 훔!

옴 아 훔 셋은 오독(五毒)의 마군을 파괴함을, 바즈라(벤자)는 분노에서 생긴 마군을 파괴함을, 구루는 교만에서 생긴 마군을 파괴함을, 빠드마(빼마)는 탐욕에서 생긴 마군을 파괴함을, 씻디는 질투에서 생긴 마군을 파괴함을, 훔은 신귀와 인간의 3가지 마군을 파괴함을 뜻한다.

10) 삼근본(三根本)의 실지(悉地)를 얻음

옴 아 훔 바즈라 구루 빠드마 씻디 훔!

옴 아 훔 셋은 몸·말·뜻 삼업(三業)의 실지(悉地)를 성취함을, 바즈라(벤자)는 적정과 분노의 본존(本尊)의 실지를 성취함을, 구루는 위드야다라(持明者)와 스승의 실지를 성취함을, 빠드마(빼마)는 다까(空行)과 호법신의 실지를 성취함을, 씻디는 최승과 공통의 2가지 실지를 성취함을, 훔은 모든 심원의 실지를 다 얻음을 뜻한다.

11) 오불(五佛)의 정토로 왕생함

옴 아 훔 바즈라 구루 빠드마 씻디 훔!

옴 아 훔 셋은 본초의 [법계]정토로 왕생함을, 바즈라(벤자)는 동방의 환희세계로 왕생함을, 구루는 남방의 길상세계로 왕생함을, 빠드마(빼마)는 서방의 극락세계로 왕생함을, 씻디는 북방의 묘업세계로 왕생함을, 훔은 중앙의 부동세계로 왕생함을 뜻한다.

12) 위드야다라(持明者)를 성취함

옴 아 훔 바즈라 구루 빠드마 씻디 훔!

옴 아 훔 셋은 삼신(三身)의 위드야다라(持明者)의 성취를, 바즈라(벤자)는 지중(地中)에 머무는 위드야다라의 성취를, 구루는 수명자재의 위드야다라의 성취를, 빠드마(빼마)는 마하무드라(大印)의 위드야다라의 성취를, 씻디는 임운성취의 위드야다라의 성취를, 훔은 이숙(異熟)의 위드야다라의 성취를 뜻한다.

옴 아 훔 바즈라 구루 빠드마 씻디 훔!

이 '바즈라 구루 만뜨라'를 한 번 염송하는 공덕은, 만일 이것에 형상이 있다면 남섬부주도 오히려 그릇이 작아서 담지 못한다. 이것을 보고 듣거나 기억하는 모든 유정은 남녀의 위드야다라의 대열에 반드시 참여하게 된다. 거짓과 기만이 없는 이 '바즈라 구루 만뜨라'를 염송해서 무엇을 소망하든 설한 바대로 성취하지 못한다면, 나 빠드마쌈바와(蓮花生)가 중생을 기만한 것이 아니겠는가? 결단코 속임이 없으니 설한 바대로 성취하리라!

가히 염송하지 못하면 [지붕 위의] 당간(幢竿)의 꼭대기에 매달도록 하라. '바즈라 구루 만뜨라'의 진언의 바람을 맞은 유정들은 반드시 해탈하니 여기엔 추호의 의심도 없다. 또는 흙과 나무와 바위에다 진언을 새긴 뒤 축복하고 가지해서 길가에 놓도록 하라. 단지 그것을 보는 것만으로 질병과 마장과 장애가 소멸하고, 그 땅에 거주하는 귀신들이 횡행하지 못한다.

깨끗한 푸른 감지(紺紙)에다 금물로 적어서 몸에다 걸고 지니면, 사귀와 이매가 능히 해코지하지 못하고, 임종한 뒤 시신에서 떼어내지 않고 화장하면, 무지개가 현란하게 뜨고, 극락정토에 반드시 왕생한다.

이 '바즈라 구루 만뜨라'를 서사하고 독송하는 공덕은 한량이 없으니, 미래의 중생들을 위해서 기록한 뒤 은닉하라! 또 법연이 깊은 선근자와 만나지이다! 싸마야! 갸! 갸! 갸! 사견을 품은 자들에겐 비밀로 봉인하라! 갸! 갸! 갸! 서언을 지키는 자들에겐 부촉하라! 갸! 갸! 갸!

2. 대비관음의 육자진언의 공덕과 자구해설[115)]

가. 육자진언의 의미

옴 마니 빳 메 훔!

이 여섯 글자는 모든 부처님의 대비의 본색이신 성관자재보살의 명주이다. 불법의 정수인 이 육자진언은 팔만사천법문의 핵심들이 하나로 집약된 진언이며, 오종성불(五種性佛)과 비밀진언승의 모든 딴뜨라의 정수이며, 모든 공덕의 근원이며, 모든 성취의 근본이다.

옴은 진언을 여는 창도이며, 마니는 여의주를, 빳메는 연꽃을, 훔은 심금강(心金剛)의 진언종자이니, '저를 섭수하여 주소서!'라고 권청하는 말이다. 실제로 관세음보살께서 손에 여의주와 연꽃 또는 연꽃과 여의주를 들고 계심으로써, '저를 구호하소서!'라고 일컫는 것이다.

115) 원문은 "마니이게둑매팬왼(Maṇi yi ge drug maḥi phan yon)"이며, 직메타르친(Jigme Tharchin)의 『마니익둑마당바즈라구뤼팬왼라쏙(六字明呪和金剛上師呪功德等)』(Nepal, 2004)에서 요약 발췌한 것이다.

다시 말해, 성관자재보살의 오른손에는 여의보주를, 왼손에는 연꽃을 들고 계심으로써, '여의주와 연꽃을 손에 드시고'라고 부르는 것이다. '아! 여의주와 연꽃을 들고 계시는 성관자재보살이시여! 저희 모든 유정이 각자의 마음속에 자비와 고귀한 보리심을 일으킬 수 있도록 가피를 내려주소서!'라고 권유하고 간청하는 것이다.

나. 육자진언 글자의 의미

옴 마니 빳 메 훔!

이 명주를 염송하면 매우 유익하며, 염송할 때 그 의미를 잘 사유함이 필요하다. 왜냐하면, 이 진언의 여섯 글자에 내재된 뜻이 매우 심오하고 광대한 까닭이다.

옴은 아(A) · 우(U) · 마(Ma) 셋이 조합된 글자로 진언을 수습하는 수행자의 부정한 몸 · 말 · 뜻 삼문(三門)과 여래의 청정한 몸 · 말 · 뜻 삼밀(三密)을 각각 표현한다.

'범부의 부정한 몸 · 말 · 뜻 셋이 여래의 청정한 몸 · 말 · 뜻 세 본질로 과연 바뀔 수가 있는가? 아니면 이 둘이 근본적으로 서로 다른 것이 아닌가?'라고 묻는다면, 모든 부처님도 과

거에는 지금의 우리와 같았으며, 그 뒤 도를 닦음으로써 정각의 지위를 얻은 것이다. 불교의 가르침에서는 처음부터 모든 과실의 여읨과 모든 공덕의 갖춤을 인정하지 않는다. 이 청정한 몸·말·뜻 셋은 부정한 체성이 점차로 버려진 뒤에 청정한 본성으로 바뀜으로써 발생하는 것이다.

또한 '이것을 어떻게 성취하는 것인가?'라고 하면, 이것을 닦아 얻게 만드는 길을 마니 빳메 훔으로 표현하고 있다.

마니는 여의주의 뜻이니, 이것은 방편의 지분이 되는 보리심과 대비와 대자 등을 의미한다. 여의주가 빈궁을 없애는 위력을 지님과 같이, 보리심 또한 윤회와 열반의 모든 쇠락을 없애는 큰 힘을 가지고 있다. 그와 같이 여의주로 중생의 희원을 채워줌과 같이 보리심도 역시 중생의 심원을 채워주는 것이다.

빳메의 두 글자는 연꽃을 의미하니, 이것은 반야의 지혜를 표현한다. 연꽃이 비록 진흙 속에서 자라날지라도 진흙의 더러움에 물들지 않듯이, 반야의 지혜 또한 그 스스로 모순이 없는 절대의 경지로 들어가는 큰 힘을 가지고 있다. 만약 반야의 지혜가 없다면 일체의 모순이 일어나게 된다.

이 반야의 지혜에는 만물의 무상함을 깨닫는 지혜, 자아의 독립적 주체 또는 실체가 비어 있음을 깨닫는 지혜, 경(境)과 유경(有境)의 2가지의 본질이 공한 이공(二空)을 깨닫는 지혜, 자상(自相)의 실질이 비어 있음을 깨닫는 지혜 등의 여러 가지가 있다. 그 가운데 근본은 공성을 깨치는 반야의 지혜인 것이다.

마지막의 훔은 마음의 본성과 별개가 아닌 불이임을 표시하니, 이것은 자기 마음의 청정무구함을 얻는 바른길이 반야와 방편이 둘이 아닌 하나임에 의지해서 반드시 얻게 됨을 나타낸다. 현교(顯敎)에 의하면, 이와 같은 반야와 방편의 불이는 곧 방편으로 섭수하는 반야와 반야로 섭수하는 방편을 말하며, 비밀진언도 또는 밀승(密乘)에 따르면, 이것은 방편과 반야의 본질이 무이무별(無二無別)함을 완전히 갖춘 하나의 의식(意識)을 말한다. 또한 오종성불의 종자진언에 따르면, 훔은 어떤 것에 의해서도 마음이 흔들리지 않고 여여부동(如如不動)하는 아촉불의 종자진언이다.

그러므로 옴 마니 빳메 훔 여섯 글자는 방편과 반야가 분리됨이 없는 합일의 도를 닦고 익힘에 의지해서, 자기의 부정한 몸·말·뜻 삼문이 여래의 청정한 몸·말·뜻 삼밀의 본질로 바뀜을 표시한 것이다.

이 여래의 경지는 힘들게 밖으로 추구할 필요가 없이 그것을 성취하는 원인 또는 능력이 자기 마음 가운데 내재한다고 하였다. 미륵보살께서 지은 『보성론(寶性論)』에서, '모든 유정의 마음에는 본래로 여래의 종성이 존재한다.'라고 설하였다. 그러므로 붓다의 본성을 완전히 성취하는 청정한 종자인 여래장(如來藏)이 우리 각자의 마음속에 본래 존재하는 것이다.

다. 육자진언의 염송공덕

옴 마니 빳 메 훔!

이 육자대명주(六字大明呪)를 여법하게 염송하면, 그 이득이 무량하다고 『마니깐붐(Maṇi bkaḥ ḥbum)』 등에서 누누이 설하였다. 여기서 법왕 쏭짼감뽀(Sroṅ btsan sgam po)께서 설명한 것을 요약하면 다음과 같다.

1) 육자대명주를 염송하면 육바라밀의 모든 법을 원만히 성취한다.

옴에 의해서 보시바라밀의 법들을 온전히 갖춘다. 마에 의해서 지계바라밀의 법들을 온전히 갖춘다. 니에 의해서 인욕바라밀의 법들을 온전히 갖춘다. 빳에 의해서 정진바라밀의 법들을 온전히 갖춘다. 메에 의해서 선정바라밀의 법들을 온전히 갖춘다. 훔에 의해서 반야바라밀의 법들을 온전히 갖춘다.

2) 육자대명주를 염송하면 6가지 실지(悉地)를 성취한다.

옴에 의해서 최승실지(最勝悉地)를 얻는다. 마에 의해서 공통실지(共通悉地)를 얻는다. 니에 의해서 병마를 소멸하는 식멸업(熄滅業)을 성취한다. 빳에 의해서 수명과 복덕을 증장하는 증익업(增益業)을 성취한다. 메에 의해서 인간과 재물과 양식 셋에 자재하는 회유업(懷柔業)을 성취한다. 훔에 의해서 원적과 마군을 제복하는 주살업(誅殺業)을 성취한다.

3) 육자대명주를 염송하면 6가지의 근본번뇌를 멸한다.

옴에 의해서 번뇌의 무명이 정화된다. 마에 의해서 분노가 정화된다. 니에 의해서 인색함이 정화된다. 빳에 의해서 탐욕이 정화된다. 메에 의해서 질투가 정화된다. 훔에 의해서 교만의 장애가 정화된다.

4) 육자대명주를 염송하면 6가지의 공덕을 성취한다.

옴에 의해서 관자재보살의 미묘한 색신을 얻는다. 마에 의해서 관자재보살의 미묘한 어음(語音)을 얻는다. 니에 의해서 관자재보살의 미묘한 마음을 얻는다. 빳에 의해서 관자재보살의 미묘한 공덕을 얻는다. 메에 의해서 관자재보살의 미묘한 사업을 얻는다. 훔에 의해서 관자재보살의 모든 사업을 성취한다.

5) 육자대명주를 염송하면 오도(五道)와 일체종지(一切種智)를 성취한다.

옴에 의해서 자량도(資糧道)의 공덕을 얻는다. 마에 의해서 가행도(加行道)의 공덕을 얻는다. 니에 의해서 견도(見道)의 공덕을 얻는다. 빳에 의해서 수도(修道)의 공덕을 얻는다. 메에 의해서 무학도(無學道)의 공덕을 얻는다. 훔에 의해서 일체종지(一切種智)의 공덕을 얻는다.

이같이 육자대명주를 염송함으로써, 수명을 마치자마자 극락정토에 왕생하여 연꽃 속에 태어나고 불퇴전지(不退轉地)를 얻는다고 경에서 설한 것처럼, 마음이 산란함이 없이 성관자재보살을 일념으로 생각한 뒤, 가슴과 골수에서 우러나는 간절한 마음으로 육자진언을 염송하면, 위에서 설한 공덕들이 어김없이 나타나게 된다.

만약 마음을 딴 곳에 팔고 육자진언을 염송하면, 설령 그렇게 무수히 행할지라도 단지 염송의 공덕이 있다는 정도에 그칠 뿐 위에서 설한 공덕들을 가히 얻지 못한다. 그러므로 마음을 딴 곳에 팔지 않고 일심으로 염송하는 법을 닦아 익혀야 한다.

3. 대비관음의 육자진언의 심오한 의취해설

성관자재보살 최상견속
-聖觀自在菩薩 最上見續-

제1품. 법문의 연기를 밝힘[116)]

성스러운 대비관자재보살님께 정례하옵니다.

성대비관자재보살최상견속(聖大悲觀自在菩薩最上見續)[117)]은 지존하신 구루 빠드마쌈바와(蓮花生)께서 [성관자재보살의 보타낙가(뽀딸라) 궁전의 서쪽에 있는] 히말라야의 동굴 마라띠까(Māratika)에서 수명자재의 위드야다라(持明)를 닦아 얻음으로써, 아미타 부처님의 존안을 친견하신 뒤 아미타 부처님께 이같이 여쭈었다. "정등각자이시며, 중생의 큰 구호자이

116) 원명은 "렝시이레우당뽀(gLeṅ gshiḥi leḥu daṅ po, 序品一)"이다.

117) 이 경전의 원명은 "툭제첸뽀따와양톡끼귀(Thugs rje chen po lta ba yaṅ thog gi rgyud, 大悲觀音最上見續)"이다.

시며, 윤회의 고해에서 중생을 구제하는 큰 선장(船長)이시며, 무명의 어둠을 멸하는 큰 등불이시며, 삼계의 중생을 대비로 살피시는 불청(不請)의 큰 벗인 아미타 부처님이시여! 육도중생의 귀의처이시며, 수호자이시며, 대비의 법주이신 성관자재보살의 큰 의취인 최상견(最上見)의 가르침을 설하여 주옵소서!"

아미타 부처님께서 다음과 같이 말씀하셨다. "행운을 타고난 선근자들의 이익과 안락을 사유하는 화신의 구루인 그대는 잘 경청하라. 대비관음의 큰 의취인 모든 견해 가운데 최상견(最上見)이며, 모든 법 가운데 최상의 보계(寶髻)이며, 모든 의취 가운데 구극인 이것을 설하고자 한다."

제2품. 육자진언의 인위(因位)의 심오한 뜻[118)]

아미타 부처님께서 다음과 같이 말씀하셨다. "대비관음의 최상의 심주(心呪)인 옴 마니 빳 메 훔의 육자진언의 뜻은 이와 같다. 옴은 남이 없는 법신에서 발생하는 신통의 연출로

118) 원명은 "시닝뾔된이게둑빼레우니빠(gShi sñiṅ poḥi don yi ge drug paḥi leḥu gñis pa, 因位要義六字眞言品二)"이다.

다섯 진언문자가 출현함이다. 마는 법계의 대명점(大明点)[119] 이자 무조작(無造作)의 법신이며, 완전히 평등한 법성의 광대한 공간이다. 니는 실사(實事)로 집착하는 윤회의 모든 법이 실질이 비어 없는 큰 공성으로 돌아감으로써, 윤회의 처소가 비어 버림이다. 빳은 [외경(外境)과 내심(內心)을 실재하는 것으로 보는] 이현(二現)의 분별들을 모두 불이의 공락쌍운(空樂雙運)[120]으로 누림으로써, 자성이 청정한 심오한 도리에 머무름이다. 메는 지혜광명의 불빛으로 번뇌와 분별의 윤회의 큰 섶나무를 불태운 뒤, 육도의 세계를 비게 만듦이다. 훔은 불변하는 법성이며, 큰 공성의 유일명점(唯一明点)[121]인 마음이 삼세에 변함이 없이 머무름이다.

화신의 구루 빠드마쌈바와여, 대비관음의 최상의 심주인 육자진언의 심오한 도리를 깨달으면, 대비관음의 큰 의취를 깨닫는 것이다. 아침에 깨달으면 아침에 성불하고, 저녁에 깨달으면 저녁에 성불한다. 그러므로 이 육자진언의 심오한 도

119)대명점(大明点)은 법계를 상징하는 밀교의 용어로 일원상(一圓相)과 같은 의미이다.

120) 공락쌍운(空樂雙運)은 밀교에서 외경(外境)의 공성과 내심의 대락(大樂)을 합일하여 누리는 구경의 경지이다.

121) 유일명점(唯一明点)은 윤회와 열반의 둘의 기반이 되는 극도로 미세한 풍심(風心)이 하나로 화합한 명점(明点, Tilaka)을 말한다.

리에 머물도록 하라."

제3품. 대비관음의 불변의 견해와 의취[122)]

아미타 부처님께 화신의 구루 빠드마쌈바와께서 이같이 여쭈었다. "정등각 세존이시여, 대비관음의 불변의 견해와 의취(意趣)는 어떠한 것입니까?"

아미타불 정등각 세존께서 다음과 같이 말씀하셨다. "옴은 대비관음의 꾸밈 없는 견해이니, 마음은 기반이 없는 까닭에 기위(基位)와 도위(道位)와 과위(果位)[123)]의 셋을 여읨이다. 마는 닦음을 행하지 않음이니, 마음이 본래로 크게 투명하고 청정하고 깨어있음이다. 니는 행위를 하지 않음이니, 무위의 상태에 탄연하게 머무름이다. 빳은 도과(道果)를 얻게 하는 행위의 법들을 닦지 않음이니, 원함이 없는 상태에 평등하게 머무름이다. 메는 마음에는 증감(增減)이 없음이니, 마음에 병통이

122) 원명은 "따공민규르와땐빼레우쑴빠(lTa dgoṅs mi ḥgyur ba bstan paḥi leḥu gsum pa, 見意不變說品三)"이다.

123) 기위(基位)와 도위(道位)와 과위(果位)의 셋은 대소승의 모두에서 각자의 견(見)·수(修)·행(行)의 셋을 결택하는 용어이다. 기위는 정견(正見)을 결택하는 단계를, 도위는 수습과 실천의 단계를, 과위는 보리를 증득하는 단계를 의미한다.

없음으로써 안락하고 탄연하게 머무름이다. 훔은 대비관음의 의취가 불변함이니, 그 의취가 법성의 하늘에서 유유자적함이다. 대비관음의 큰 의취인 육자진언의 심오한 도리를 깨달으면 한순간에 성불한다."

제4품. 대비관음의 자생의 큰 의취[124)]

아미타 부처님께 화신의 구루 빠드마쌈바와께서 이같이 여쭈었다. "대비관음의 자생의 큰 의취의 도리는 어떠한 것입니까?"

아미타 부처님께서 다음과 같이 말씀하셨다. "옴은 대비관음의 의취가 조작 없는 법성의 바탕에서 출현함이다. 마는 윤회와 열반 모두가 마음에서 발생함으로써 자연히 성취됨이다. 니는 이현(二現)을 분별하는 긍정과 부정함[125)]이 없이 불이의 법계를 이룸이다. 빳은 윤회와 열반이 차별 없음으로써, 불이의 법계에서 해탈함이다. 메는 고락과 친소가 없도록 대

---

124) 원명은 "공빠랑퉁끼레우시빠(dGoṅs pa raṅ ḥkhruṅs kyi leḥu bshi pa, 意趣自生品四)"이다.

125) 긍정과 부정은 "각둡(dGag sgrub)"의 번역으로, 아님을 파(破)하고 옳음을 세우는 용어이다.

평등의 법계에서 분별을 태워버림이다. 훔은 마음이 원초부터 붓다인 까닭에 자생의 금강신(金剛身)을 이룸이다. 대비관음의 의취인 육자진언의 심오한 도리를 깨달으면, 지금 이 자리에서 성불한다."

제5품. 육취(六聚)가 법계에서 해탈함[126)]

아미타 부처님께 화신의 구루 빠드마쌈바와께서 이같이 여쭈었다. "대비관음의 육근(六根)의 쌓임(蘊)이 법계에서 해탈함으로써, 육식(六識)의 쌓임(蘊)이 스스로 해탈하는 의취가 어떠한 것입니까?"

아미타 부처님께서 다음과 같이 말씀하셨다. "옴은 자기의 현현인 현상에 대하여 긍정과 부정의 분별을 여의고 봄이니, 대비관음의 눈이 현상을 명공일여(明空一如)[127)]로 봄으로써, 바깥의 형색을 보는 곳에서 눈으로 봄이 없이 해탈함이다. 마

126) 원명은 "촉둑잉쑤돌왜레우응아빠(tShogs drug dbyiṅs su grol baḥi leḥu lṅa pa, 六聚法界解脫品五)"이다.

127) 명공일여(明空一如)는 마음의 본성이 밝음을 여의지 않음이 명(明)이며, 동시에 그 자성이 비어서 모양 등의 모든 자취가 없음이 공(空)이다. 곧 밝음 가운데 공이 드러나되 서로 화합해서 어기지 않는 이것이 명공일여이자 마음의 본성이다.

는 심오한 뜻을 듣고서 이해함이니, 대비관음의 귀가 스스로 밝아 막힘없이 들음으로써, 바깥의 소리를 듣는 곳에서 귀로 들음이 없이 해탈함이다. 니는 느낌이 일어남이 없는 상태에서 느낌이다. 대비관음의 코가 스스로 향기를 맡고 느낀 뒤에 마음이 기뻐함이니, 바깥의 향기를 맡는 곳에서 코로 맡음이 없이 해탈함이다. 빳은 불이의 일미(一味)를 맛봄이니, 대비관음의 혀가 실사(實事)를 설함이 없이[128] 체험하는 그 경계이다. 맛을 맛보는 곳에서 혀로 맛봄이 없이 해탈함이다. 메는 사유가 끊어진 법성의 도리를 접촉함이니, 대비관음의 능촉(能觸)의 몸과 마음이 큰 안락을 경험하는 경계[129]이다. 능촉의 몸과 소촉(所觸)의 대경과 느낌의 셋이 없이 해탈함이다. 훔은 현상이 법성으로 발산함이니, 대비관음의 환화(幻化)와 같은 의식이 자기의 참모습을 사유와 언설을 여읜 법성으로 깨달음으로써, 법진(法塵)과 변화의 의식과 능변(能變)의 의근(意根)[130]이 없이 법계에서 해탈함이 대비관음의 마음이다."

---

128) 이것은 "된마메두(Don smra med du)"의 번역이며, 혀의 대상이 되는 미경(味境)을 실재하는 사물로 설하지 않는 중관학파의 견해를 말하는 것으로 보인다.

129) 원문은 "툭제첸뽀릭, 셈데와첸뽀르냠쑤뇽와율렉자, 렉렉자초르와메바르돌(Thugs rje chen poḥi reg, sems bde ba chen por ñams su myoṅ ba yul reg bya, reg reg bya tshor ba med par grol)"의 번역이다.

130) '법진(法塵)과 변화의 의식과 능변(能變)의 의근(意根)'은 "율최규르와규제메빠(Yul chos ḥgyur ba ḥgyu byed med pa)"의 번역이다.

제6품. 대비관음의 지혜가 스스로 발생함[131)]

아미타 부처님께 화신의 구루 빠드마쌈바와께서 이같이 여쭈었다. “대비관음의 큰 지혜가 어떻게 출현합니까?”

아미타 부처님께서 다음과 같이 말씀하셨다. “옴은 마음이 분별에 물듦이 없이 존재함으로써, 불이(不二)와 만나는 지혜이다. 마는 마음이 무희론(無戱論)과 차별 없는 평등한 상태에 머묾으로써, 일체가 일미(一味)의 지혜이다. 니는 마음에 버리고 취함이 없어, 긍정과 부정의 분별이 없이 머묾으로써, 원함이 없이 스스로 안주하는 지혜이다. 빳은 마음이 집착이 없는 상태에 머묾으로써, 현상을 마음과 하나로 융합하는 자생의 지혜이다. 메는 [능취(能取)의 마음과 소취(所取)의 외경인] 이취(二取)와 유상(有相)이 법성의 자리에서 해탈함으로써, 마음이 법계로 녹아드는 쌍운불이(雙運不二)의 지혜이다. 훔은 안과 밖의 모든 사물을 대공(大空)[132)]으로 인(印)을 침이니, 스스로 존재해도 안과 밖이 비어 없는 내외공(內外空)[133)]의 자생

131) 원명은 “예시랑차르기레우둑빠(Ye śe raṅ ḥchar gyi leḥu drug pa, 智慧自生品六)”이다.

132) 대공(大空)은 십육공(十六空)의 하나로 제법의 자성이 비어서 공(空)한 것이 유정과 물질세계에 모두 미침으로써 대(大)라고 한다.

133) 내외공(內外空)은 십육공(十六空)의 하나로 육근(六根)과 육경(六境)의 십이처(十二處)

의 지혜이다. 대비관음의 6가지의 큰 지혜를 깨달으면, 지금 이 자리에서 지혜가 안으로부터 출현한다."

제7품. 마음의 실상을 알려줌[134)]

아미타 부처님께 화신의 구루 빠드마쌈바와께서 이같이 여쭈었다. "대비관음의 참모습을 알려줌은 어떠한 것입니까?"

아미타 부처님께서 다음과 같이 말씀하셨다. "옴은 현재의 현상은 육근(六根)이 현상을 인식함이다. 그 주체가 마음인 까닭에 현상이 마음임을 알려줌이다. 마는 그 마음이 색깔과 모양과 형상을 갖지 않음으로써, 모양이 비어 있는 그것을 마음이 공(空)한 것으로 알려줌이다. 니는 그 공한 마음에는 볼 수 있는 물질이 전혀 없음으로써, 마음은 의지하는 기반이 없다고 알려줌이다. 빳은 바깥의 대경에 대해 실체를 인정하지 않고, 안으로 능취(能取)의 마음이 있음을 인정하지 않는다. 외

가 자성이 비어서 공(空)하고, 이 둘이 만나서 일으키는 육식(六識) 또한 자성이 없음으로써 안과 밖으로 실체가 없는 공임을 말한다.

134) 원명은 "응오뙤끼레우뒨빠(Ṅo sprod kyi leḥu bdun pa, 紹介品七)"이다.

경과 내심의 둘이 없음을 결단하는 그것이 각성(覺性)에는 대경이 없음을 알려줌이다. 메는 분별과 오독(五毒)의 어떤 것이 일어날지라도, 그것은 근본이 공한 것임을 깨달음으로써, 분별로부터 지혜가 자생으로 출현함을 분별이 지혜로 나타난다고 알려줌이다. 훔은 마음의 본질이 공(空)한 그것을 무엇으로도 그려내지 못함을 아는 것을 무생(無生)과 무희론(無戱論)으로 알려줌이다.

육자진언이 대비관음의 큰 말씀으로 출현하니, 언설의 육자진언의 심오한 도리를 깨달음으로써, 대비관음의 큰 의취가 출생함을 내 마음과 대비관음의 큰마음이 둘이 아닌 것으로 알려줌이니, 단지 알려주는 것으로 대비관음의 큰마음과 내 마음이 차별 없음을 깨닫는다."

제8품. 유상(有相)이 법성의 자리에서 해탈함[135)]

아미타 부처님께 화신의 구루 빠드마쌈바와께서 이같이 여쭈었다. "대비관음의 큰 의취인 유상(有相)이 법성의 자리

135) 원명은 "챈마랑싸르돌왜레우개빠(mTshan ma raṅ sar grol baḥi leḥu brgyad pa, 有相本地自解脫品八)"이다.

에서 해탈하는 가르침은 어떠한 것입니까?"

아미타 부처님께서 다음과 같이 말씀하셨다. "유상(有相)이 본지에서 해탈하는 가르침은 마치 허공의 구름이 사라짐과 같다. 마음이 비어 있음이 인식이 없는 허공처럼 본질이 비어 있는 그로부터 구름과 안개 등이 일어날지라도, 비어 있는 상태의 하늘의 텅 빔 속에서 발생하고, 다시 하늘이 투명할지라도 어디에서 또한 밝아짐이 없이, 하늘의 공간에서 밝아짐과 같다. 그와 같이, 현재의 사물과 유상으로 나타난 일체가 자생의 지혜의 자기 현현인 까닭에, 유상도 그와 같이 바뀜이 없이 크게 청정함이니, 유상으로 나타난 것은 자생의 지혜에서 나타난 것이므로 밝음으로부터 움직이지 않음을 닦는다.

그와 같이 투명한 대비관음의 큰 의취를 닦는 유가사는 미묘한 음성인 옴 마니 빳 메 훔을 헤아림[낭송함]으로써, 여타의 수레(乘)들처럼 갖가지 유상들이 나타날지라도 잘못으로 보지 않고, 상(相)이 없음을 의연히 결단한다."

제9품. 삼매를 일으키고 들어감이 없음[136)]

아미타 부처님께 화신의 구루 빠드마쌈바와께서 이같이 여쭈었다. "대비관음의 큰 의취인 삼매를 일으키고 들어감이 없음은 어떠한 것입니까?"

아미타 부처님께서 다음과 같이 말씀하셨다. "삼매를 일으키고 들어감이 없는 의취는 황금의 섬에 들어감과 같다. 황금의 섬에는 산과 바위와 대지의 일체가 황금으로 되어 있고, 모든 물상이 황금이 아닌 것이 없으며, 언제나 황금으로 빛남과 같이 윤회와 열반의 모든 법이 조작 없는 마음의 자생의 지혜로 빛남으로써, 사념이 여타로 움직임이 없이 머물러서, 닦음에 동요가 없이 청정한 도리를 오로지 관조한 뒤 마음으로 증오함으로 말미암아, 삼매에 따로 들어감이 없음으로써 수행에 들어감도 없다. 모든 때와 단계에서 마음이 법성의 상태에 늘 안주함이다. 그러므로 삼매를 일으키고 들어감이 없다.

---

136) 원명은 "띵에진중죽메빼레우구빠(Tiṅ ṅe ḥdzin ḥbyuṅ ḥjug med paḥi dgoṅs paḥi leḥu dgu pa, 三昧無生入意趣品九)"이다.

그와 같이 투명한 대비관음의 큰 의취를 닦는 유가사는 미묘한 음성인 옴 마니 빳 메 훔을 낭송함으로써, 여타의 수레(乘)들처럼 수행에 들고 나는 규칙을 지키고, 삼매를 방해하고 산란하게 만드는 경계를 끊음과 공용을 쓸 필요가 없음을 의연히 결단한다."

제10품. 법성을 면견(面見)하는 의취[137]

아미타 부처님께 화신의 구루 빠드마쌈바와께서 이같이 여쭈었다. "대비관음의 법성을 면견(面見)하는 의취는 어떠한 것입니까?"

아미타 부처님께서 다음과 같이 말씀하셨다. "법성을 면견하는 의취가 마치 국왕을 보는 것과 같이 법성을 면견함이다. 왕을 보면 여타의 사람들이 부들부들 떨게 됨과 같이, 보리심을 법성으로 깨닫는 확신으로 섭수하면, 어떠한 사물이 나타나도 실사로 보지 않고, 무엇을 느끼고, 무엇이 일어나고, 무엇을 만날지라도 분별이 장애함이 없이 일체의 현현을 마음

137) 원명은 "최니툭태끼공빼레우쭈빠(Chos ñid thug ḥphrad kyi dgoṅs paḥi leḥu bcu pa, 法性面見意趣品十)"이다.

으로 깨닫는다. 마음의 본성이 텅 비고 밝게 빛남이 법성의 의취이다. 사물의 현현을 잘못된 것으로 봄이 없이 현상이 법성으로 나타남이 법성을 면견함이다.

그와 같이 깨닫고 깨달은 대비관음의 큰 의취를 닦는 유가사는 미묘한 음성인 옴 마니 빳 메 훔을 낭송함으로써, 여타의 수레(乘)들처럼 사물을 보고서도 보지 못하는 소경처럼 저편에 법성을 보는 하나가 별도로 있는 것이 아니다. 그러므로 일체가 청정하며, 승의(勝義)는 공용을 써서 얻음이 필요 없음을 의연히 결단한다."

제11품. 분별이 지혜로 출현함[138]

아미타 부처님께 화신의 구루 빠드마쌈바와께서 이같이 여쭈었다. "대비관음의 큰 의취인 분별이 지혜로 출현함은 어떠한 것입니까?"

아미타 부처님께서 다음과 같이 말씀하셨다. "분별이 지혜

138) 원명은 "남똑예시쑤차르왜레우쭉찍빠(rNam rtog ye śes su ḥchar baḥi leḥu bcu gcig pa, 分別智慧出現品十一)"이다.

로 출현하는 의취는 들판에 불길이 크게 타오름과 같다. 한겨울[음력 11월]에 들판에 이는 큰 불길 내지는 숲속에 불길이 크게 일어남과 같다. 초목과 산림과 짐승과 나아가 부딪치는 모든 것이 불길의 도우미가 되어 타오름과 같이 보리심을 법성으로 깨닫는 확신으로 섭수하면, 윤회와 열반의 모든 법과 마음의 공성 또한 자생의 지혜의 본질로 빛남으로써, 분별이 곧 자기 마음임을 깨달을 때, 어떠한 분별이 일어나고 생길지라도 일체가 지혜로 거듭 빛남이 지혜가 막힘 없이 출현함이다.

그와 같이 깨닫는 대비관음의 큰 의취를 닦는 유가사는 미묘한 음성인 옴 마니 빳 메 훔을 낭송함으로써, 여타의 수레(乘)들처럼 분별을 차단하고, 정화하고, 변화시키고, 닦음이 필요 없이 분별을 허물로 보지 않음으로써, 분별을 끊음이 없다. 그러므로 분별을 끊기 위해 공용을 씀과 닦아야 할 법들을 닦을 필요가 없음을 의연히 결단한다."

제12품. 모든 조건과 감정이 도우미로 출현함[139)]

아미타 부처님께 화신의 구루 빠드마쌈바와께서 이같이 여쭈었다. "대비관음의 큰 의취[140)]인 조건과 감정이 도우미로 출현함은 어떠한 것입니까?"

아미타 부처님께서 다음과 같이 말씀하셨다. "모든 조건과 감정이 도우미로 출현하는 것은 급류와 같으니, 한가을[음력 9월]에 급류가 넘쳐남과 같다. 한가을에 급류가 넘쳐날 때, 흙과 돌과 초목과 갖가지 종류의 물들이 있을지라도 홍수가 다 쓸어가서 홍수의 도우미로 만듦과 같다. 현재의 환경인 순탄하고 거슬리는 조건과 불쾌하고 기쁜 감정들 일체를 만든 장본인이 자기 마음임을 깨달음으로써, 일체가 마음의 본성으로 빛난다. 그러므로 무엇이 일어나고 발생하든 그 일체가 자기 지혜의 의취로 빛남으로써, 모든 순역(順逆)의 조건과 좋고 싫은 감정들을 물리치며, 버리고 취함과 부정과 긍정의 분별이 없이 해탈함이다.

139) 원명은 "껜낭독쑤차르왜공빼레우쭉니빠(rKen rnaṅ grogs su ḥchar baḥi dgoṅs paḥi leḥu bcu gñis pa, 順逆善惡轉移幫助品十二)"이다.

140) 원문은 '큰 변화'를 뜻하는 "마하이뚤빠(Ma hāḥi sprul pa)"이나 오류로 보인다.

그와 같이 깨닫는 대비관음의 큰 의취를 닦는 유가사는 미묘한 음성인 옴 마니 빳 메 훔을 낭송함으로써, 여타의 수레(乘)들처럼 순연(順緣)을 닦고, 역연(逆緣)을 제거하고, 좋고 나쁨의 취사의 분별을 하지 않음을 의연히 결단한다."

제13품. 각성이 스스로 밝고 스스로 해탈함[141)]

아미타 부처님께 화신의 구루 빠드마쌈바와께서 이같이 여쭈었다. "대비관음의 큰 의취인 각성(覺性)이 법성의 본지에서 해탈함은 어떠한 것입니까?"

아미타 부처님께서 다음과 같이 말씀하셨다. "각성이 스스로 자기해탈(自己解脫)로 출현함은 태양과 같다. 예를 들면, 태양이 여타에 기댐이 없이 태양이 스스로 대광명으로 출현함과 같다. 태양이 하늘에 떠오름으로써 유정과 물질세계의 모든 형상이 밝게 빛나고, 어둠이 없어짐과 같이, 윤회와 열반의 모든 법이 보리심의 본성으로 출현하고, 일체법이 자생의 지혜로 빛남으로써, 무명과 무지와 무식과 잘못의 근원이 소

141) 원명은 "릭빠랑쌜랑돌기레우쭉숨빠(Rig pa raṅ gsal raṅ grol gyi leḥu bcu gsum pa, 覺性自明自脫品十三)"이다.

멸하는 것이 스스로 해탈함이다.

그와 같이 깨닫는 대비관음의 큰 의취를 닦는 유가사는 미묘한 음성인 옴 마니 빳 메 훔을 낭송함으로써, 여타의 수레(乘)들처럼 잘못과 장애에 떨어지는 의심이 없다. 일체법이 자생의 지혜로 빛남으로써, 잘못과 장애가 없음을 의연히 결단한다."

아미타 부처님께서 인도와 티베트의 중생들을 교화하기 위해 화신의 구루 빠드마쌈바와(蓮花生)에게 실제로 몸을 나타낸 뒤 가르침을 설하였다. 대비관음의 최상견속(最上見續) 쓰족! 쓰족! 요기니 예시초걜(智海王)과 법왕 티쏭데우짼에게 비밀로 설하고 봉인하다. 신인(身印)! 어인(語印)! 심인(心印)!

연꽃에서 화생한 불사의 화신불
구루 빠드마쌈바와 기원문

초판 인쇄 | 불기 2568년 8월 13일
초판 발행 | 불기 2568년 8월 20일

역 저 | 중암 선혜
펴낸인 | 강창희
펴낸곳 | 금빛소리
등 록 | 2019년 7월 30일(제716-97-00556호)
주 소 | 25936 강원도 삼척시 근덕면 양리길 140
전 화 | 010-7141-8508

ISBN 979-11-968038-4-1

* 책값은 뒤표지에 있습니다.

* 잘못 만들어진 책은 구입하신 서점에서 교환해 드립니다.